大学生足球运动训练与实战技巧详解

于天博　杨旭东　程鹏　著

中国纺织出版社

内容简介

随着现代文化与经济的不断发展，社会民众逐渐开始对体育给予极大关注和热情。在当前高校教育中，培养并强化学生意志水平、体育竞技意识、提高身体素质成为重要内容，足球运动在各大高校中受到众多学子的青睐。本书首先讲述了足球运动的起源与发展、价值与特点、足球运动的规律等内容；然后阐述了足球运动训练的基本理论、体能训练、心理素质训练、营养与医疗保健等内容；最后从实战的角度出发，进一步阐析大学生足球运动的技术、战术技巧，并且对高校足球教学与训练的科学评价机制进行了深入研究。

图书在版编目（CIP）数据

大学生足球运动训练与实战技巧详解 / 于天博，杨旭东，程鹏著 . —北京：中国纺织出版社，2018.3

ISBN 978-7-5180-3593-9

Ⅰ . ①大… Ⅱ . ①于… ②杨… ③程… Ⅲ . ①足球运动—运动训练—教学研究—高等学校 Ⅳ . ① G843.2

中国版本图书馆 CIP 数据核字（2017）第 104175 号

责任编辑：武洋洋　　　　责任印制：储志伟

中国纺织出版社出版发行
地址：北京市朝阳区百子湾东里 A407 号楼　邮政编码：100124
销售电话：010-67004422　传真：010-87155801
http：//www.c-textilep.com
E-mail：faxing@e-textilep.com
中国纺织出版社天猫旗舰店
官方微博 http：//www.weibo.com/2119887771
北京虎彩文化传播有限公司　各地新华书店经销
2018 年 3 月第 1 版第 1 次印刷
开本：710 × 1000　1/16　印张：13.125
字数：235 千字　定价：59.00 元

前　言

世界足球水平在突飞猛进，世界足球强队始终没有停止前进的步伐，我们与世界强队的差距在继续拉大。同样在对于大学生足球运动训练方面，我们国家仍然处于一个比较落后的水平。本书阐述了大学生足球运动训练与实战技巧的纲领，对于提高我国大学生足球水平具有非常重要的意义。

全书一共分七章，第一章足球运动概述，主要内容包括足球运动的起源与发展、足球运动的特点与价值、现代足球运动的特征和规律、大学生足球运动教学与训练现状；第二章主要讲述的是大学生足球训练的基本理论，主要内容有大学生足球训练的原则与方法、大学生足球训练的负荷安排、大学生足球训练计划的制订；第三章主要讲述的是大学生足球运动体能及训练，内容包括大学生足球运动体能训练与准备活动、大学生足球运动能量代谢过程和训练、大学生足球运动力量与速度素质训练、大学生足球运动耐力与柔韧素质训练、大学生足球运动灵敏与平衡素质训练、大学生足球运动的整理活动；第四章主要讲述的是大学生足球运动的营养保健和医疗，主要内容包括运动性疲劳与恢复、大学生足球运动的营养补充、大学生足球运动的膳食营养、大学生足球运动的运动性疾病；第五章主要讲述的是高校足球实用技术教学与训练，主要内容包括足球运动技术的基本理论、高校足球实用技术的教学、高校足球实用技术的训练；第六章主要讲述的是高校足球实用战术教学与训练，主要内容包括足球运动战术的基本理论、高校足球实用战术的教学、高校足球实用战术的训练；第七章主要讲述的是高校足球教学与训练的科学评价，主要内容包括高校足球教学与训练的身体素质评价、高校足球教学与训练的技术评价、高校足球教学与训练的自我评价。

本书从足球运动开展的实际情况出发，最大限度地突出了其实用性、科学性和先进性，进而希望能够科学地进行足球运动的发展。

本书在撰写过程中参考了与足球运动有关的大量资料和书籍，在此向有关专家学者致以诚挚的谢意，由于作者时间和精力的限制，本书中难免会存在不足之处，还希望广大师生能够予以批评和指正。

作者

2017 年 10 月

目　录

第一章　足球运动概述

我们都知道，如今许多人都以足球运动为业余爱好。所以，我们有必要了解足球运动的概况，本章就足球运动的概况进行探讨。

第一节　足球运动的起源与发展

提到足球运动，那么就不得不提其起源与发展。下面，我们主要围绕这部分内容进行具体阐述。

一、足球运动的起源

实际上，足球运动起源于中国，且历史悠久。这一点于 2004 年已被国际足联正式颁布的文件确认。在我国古代，足球运动被称为“蹴鞠”，与现代足球运动没有太多共同点。

英国是现代足球的发源地。19 世纪 60 年代中期，英格兰足球协会在伦敦成立，这是世界首个足球运动组织。同时，还统一了比赛规则。

1865 年，职业足球的合法性被英足协承认。所以，职业俱乐部与职业联赛出现于英国，现代足球运动便由此开始发展。

二、足球运动的发展

（一）世界足球运动的发展

1865 年，英国产生了现代足球运动，后来它被传入多个国家。

1868 年，传入非洲。

1870 年，传入澳大利亚。

1893 年，传入南美洲。

1894 年，传入巴西。

直到现在，足球运动已经被传入世界各个国家。每个国家的人民都十分热衷于这项运动。

多年来，足球运动的技术与战术不断得到补充与完善。

1846 年，剑桥大学制定了《剑桥大学规则》，以适应英国各学校的足球比赛。

1863 年召开的伦敦会议，修改了《剑桥大学规则》，并制订了最早的足球竞赛规则。随着时间的推移，足球竞赛规则越来越完善、规范，而且足球运动基本技术也得到进步发展。

我们都知道，当今的足球运动发展十分迅猛，而这一点在很大程度上归功于足球运动组织。1863 年后，足球协会成立于一些欧洲国家。1904 年，总部位于苏黎世的国际足球联合会成立。其实，我们不难看出，这意味着足球登上了国际舞台，朝着国际化的方向快速发展。所以，我们可以得出一个结论：足球运动组织的产生，推动了足球运动的发展。

足球比赛的进行，是足球运动发展的重要体现。1872 年，英格兰与苏格兰之间进行了一次足球比赛，这是足球运动史上的第一次正式比赛，即泛英足球比赛。如今各国之间或各国内部经常举办足球运动比赛，很多热爱足球运动的人都去现场观看比赛，为运动员们加油助威。可见，足球运动的蓬勃发展，与这些比赛息息相关。国际足联于 1928 年发表了一个具有深远影响力的决定：每四年举行一届世界足球锦标赛，并设立了金女神杯（流动奖杯）奖给冠军；三次夺得冠军的国家队，可永久保留此杯。在这里，我们需要强调的一点是，世界足球锦标赛就是现在的世界杯。巴西队曾卫冕三次冠军，于是永久保留此杯。现在世界杯的奖杯不再是金女神杯，而改为“大力神杯”，它被规定永久流动。迄今为止，世界杯足球赛共举行了 20 届。下一届将在俄罗斯举行，时间是 2018 年。

总而言之，足球比赛的不断举行，使足球运动朝着更好的方向发展，增强了其影响力。随着时间的推移，足球运动的不断发展，它越来越职业化。许多国家都举办了足球职业联赛，如英超、西甲、德甲，等等。由于足球运动的国际影响力越来越强，足球明星运动员的不断涌现，所以它在未来仍然会保持强大的生命力。

（二）我国足球运动的发展

谈论过世界足球运动的发展，想必每位读者对这部分内容已经有了更加深入的认识。下面，我们来一起看一下我国足球运动的发展。

20 世纪初期，足球运动传入我国。当时，许多高等院校会开展一些足球运动。但由于旧中国政治动荡，社会经济落后，我国的足球运动发展得比较迟缓，也没有西方足球运动那么高的水平。

自 1951 年以来，党和政府对足球事业的重视程度日趋提高。其间，我国发生许多足球方面的大事。为了使各位读者更好地认识这部分内容，我们制作了图 1–1–1。

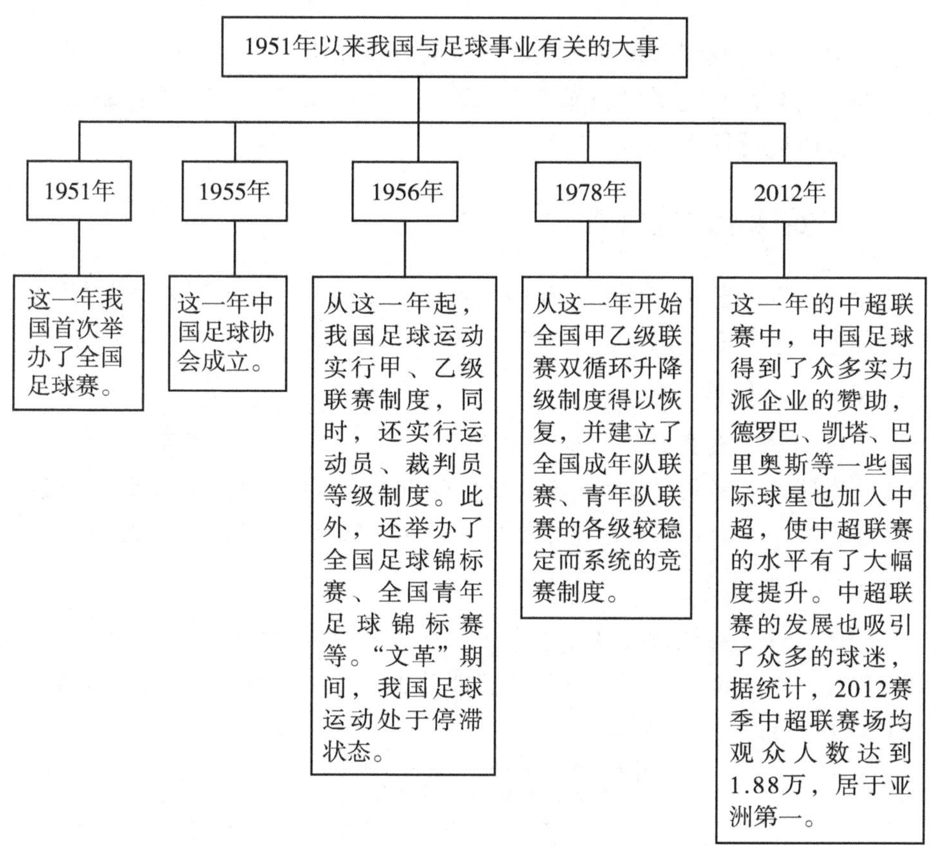

图 1–1–1

与国际水平相比较而言，我国足球运动水平相距甚远。虽然我国足球运动水平亟待提高，但这并不意味着我国没有在这方面取得成绩。1996 年，中国女子足球队在第 26 届奥运会上获得亚军；1999 年，又在第 3 届世界女子足球锦标赛冠军争夺战中点球惜败于美国队；2002 年，我国男子足球队首次打入世界杯决赛阶段的比赛，实现了足球冲出亚洲、走向世界的美好愿望。近些年来，我国的足球队在国际赛场上没有太好的表现。这阻碍了我国足球运动的发展。因此，如何提高我国足球运动的水平，成为一个亟待解决的问题。

第二节　足球运动的特点与价值

在上一节，我们对足球运动的起源与发展做出了一番探讨，想必读者对这部分内容已经有了更加深入的认识。下面，我们主要围绕足球运动的特点与价值进行具体阐述。

一、足球运动的特点

经过长期的分析与研究，我们对足球运动的特点做出了总结，主要归纳为以下六个方面。

（一）对抗性

足球运动，具有显著的对抗性特征。其原因在于，比赛双方只有争夺球权并进球，才能取得胜利。在罚球区附近，双方对球的争夺会更加凶猛。在多数比赛中，双方队员由于争夺球权会多次倒地，大约有 200 次。

（二）观赏性

现代足球比赛过程往往扣人心弦，赛果发展难以预料，难度较大，主要表现在三个方面。为了使各位读者能够更好地了解这部分内容，我们制作了图 1–2–1。

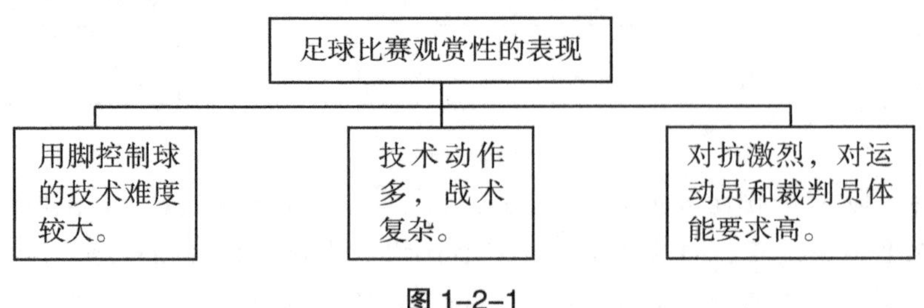

图 1–2–1

由于双方对抗十分激烈，很难预料最后谁会获胜，因而对观众而言，是非常惊心动魄、扣人心弦的，具有极强的观赏性。

（三）整体性

我们或多或少地了解到，整体的攻守，会对取得比赛主动权、比赛结果起到助益作用，否则是不会取得理想成绩的。足球队中的所有成员在比赛中，务必要有一致的思想与行动，否则就不会增强整体的参战意识，也不会对比赛成绩的提高起到帮助作用。

（四）多变性

由于足球运动是一种难以预测的非周期性运动项目，所以受到了大众的欢迎与青睐。足球运动员在赛场上往往会受到对手的干扰、抵抗，除此之外，还会受到其他因素的影响，所以比赛结果是很难预料的。因此，多变性成为足球运动的主要特点之一。

（五）艰辛性

足球运动对运动员的身体素质有很高要求，因为比赛时间是 90 分钟，在这段时间内，运动员要不断地奔跑，而且还要完成许多技术动作。如果出现点球的情况，那么会使运动员更加劳累。由此可见，在一场足球比赛中，运动员要消耗非常多的能量，对其体能是一个考验。据相关统计数据表明，足球运动员在经过一场比赛后，会减少 2 ~ 5 斤的体重。

（六）易行性

除了以上五个特点以外，还有一个特点需引起我们的重视，即易行性。足球运动的易行性在于其规则简单，没有太高的器材设备、人数限制，所以比较容易开展。

二、足球运动的价值

除了足球运动的特点以外，足球运动的价值也是我们在这里重点谈论的内容。下面，我们主要围绕这部分内容进行具体阐述。

经过长期的分析与研究，我们对足球运动的价值做出了总结，主要归纳为以下五个方面。

（一）社会价值

在足球运动的众多价值中，社会价值是第一位的。足球运动具有广泛的影响力，受各国公众的关注，它的影响范围越来越广泛。

众所周知，足球比赛能带来许多好处，如传播友谊、展示民族精神风貌，加强国际的文化交流，为世界和平做出贡献，等等。如今，全民健身运动越来越盛行，足球赛事也越来越多，这对健康文明、民主和谐社会环境的创造，起到了重要的促进作用。对大学生而言，社会适应能力能够通过经常参加足球运动来得到提升。

（二）经济价值

随着时代的进步，社会的发展，足球运动逐渐朝着职业化、产业化的方向发展，能够带来可观的经济利益。足球产业受到许多欧美国家的重视，因为它能通过彩票、广告、电视转播等形式带来极为可观的利润，而且促进了足球资源、中介服务等市场体系的形成。另外，许多就业机会，都是随足球运动的开展而产生的；形成了球迷市场，且其空间广阔，可任商家开拓。由此可见，它能够在很大程度上推动国民经济的蓬勃发展。

（三）文化价值

实际上，通过足球运动，人们可以看出该民族的内涵与文化。可以说，它是民族基本特征与精神风貌的重要体现。

显然，足球运动含有丰富的民族文化内涵，民族文化是促进足球运动风格形成的重要因素，也是最基本因素。

（四）健身价值

健身价值是足球运动价值中比较明显的一个。其原因在于，在足球运动过程中往往会消耗运动员很多的热量。据相关研究表明，经常参加足球运动的人，其身体素质比较高，且运动系统（肌肉、骨骼）、内脏器官系统（心血管系统、呼吸系统、神经系统）的功能较强。故而常参加足球运动的人的健康水平比较高，体质较强。这也是很多人提倡足球运动的主要原因。

（五）教育价值

除了以上四个价值以外，足球运动还有一个价值需引起我们的重视，即教育价值。其实，足球运动是一种特殊的教育形式，这一点可能对足球不太了解的人不容易发现。由于足球比赛的局面具有多变性、复杂性，且攻守转换比较频繁，所以运动员能培养诸如注意力、思维能力、时间感知等品质，以及集体主义精神、拼搏进取的意志品质，等等。

第三节　现代足球运动的特征和规律

在上文中，我们对足球运动的特点与价值做出了一番探讨，想必每位读者对这部分内容已经有了更加深入的认识。下面，我们主要围绕现代足球运动的特征和规律进行具体阐述。

一、现代足球运动的特征

现代足球运动的特征在于四个方面，即快速准确、时空狭小、攻防频繁以及对抗激烈。下面，我们主要围绕现代足球运动的这四个特征进行具体论述。

（一）快速准确

毋庸置疑，快速准确是现代足球运动的主要特征之一。在现代足球比赛中，快速主要体现在攻守速度、奔跑速度、技术动作的完成、与队员配合等方面；而准确主要体现在个人技术动作、与队员配合思维、攻守战术思维等方面。在这里，需要特别强调的一点是，快速与准确一定要同步进行，否则比赛很难取得好成绩。

（二）时空狭小

现代足球比赛中，比赛双方队员争夺、控制球，主要集中于长 30 米、宽 40 米的狭小空间中。而且由于队员体能训练水平的提高，队员的奔跑速度越来越快，奔跑距离越来越长，留给队员完成技术动作和战术决策的时间越来越短，空间越来越小。

（三）攻防频繁

攻防频繁，也是现代足球运动的主要特征之一。这一特征体现在：在 90 分钟的比赛时间里，有 60 分钟是纯比赛时间，其间，双方要进行几百次的攻守转换，即 1 分钟内就有 5 次甚至更多。

（四）对抗激烈

除了以上三个特征以外，还有一个特征值得引起我们的重视，即对抗激烈。下面，我们就这一特征进行具体探讨。

为了在足球比赛中取得优势、夺得球权，比赛双方都会表现出激烈的对抗和身体冲撞。据统计，当前世界优秀足球队在一场比赛中平均完成技术动作 916 次，其中处于对抗条件下运用技术为 482 次，占总数的 52.6%。由此，我们不难看出，比赛中为了争夺控球权，全场 1/2 以上的技战术是通过对抗形式实现的。这充分体现出了足球竞赛对抗激烈的特征，需引起我们的重视。

二、现代足球运动的规律

在本节内容中，除了现代足球运动的特征以外，其规律也需要我们在这里进行具体探讨。下面，我们主要围绕这部分内容进行具体阐述。

经过长期的分析与研究，我们对现代足球运动的规律做出了总结，主要归纳为以下四个方面。

（一）足球运动具有以有氧耐力为基础，以有氧和无氧混合供能为特点，突出非乳酸速度耐力训练的生理变化规律

我们都清楚，足球运动员需要较好的耐力基础。其原因在于，在 90 分钟内，运动员要不断地奔跑，跑动距离为 8700 至 14273 米。针对 1990 年世界杯的研究还表明，在比赛中走动距离占 33.7%，慢跑距离占 40.8%，而快速冲刺跑距离占到了 25.5%。运动员每次跑动以 5 ~ 15 米的距离最多，加上一些急停急转、跳跃的动作。因此，在足球比赛中不同的运动形式，决定了运动员需要不同的供能系统进行供能。究竟以哪个系统供能为主，直到 20 世纪 90 年代才达成共识：足球运动员主要以有氧和无氧系统供能，而无氧糖解酵供能对足球运动员则没有特殊的要求[①]。所以，足球运动员的无氧能力主要是非乳酸无氧能力，而这一能力在很大程度上决定了比赛结果。这就对教练员提出了一个要求：在训练中要突出运动员非乳酸无氧能力的训练。

（二）足球运动具有变化性、整体性、对抗性的特点，突出高强度对抗性训练的规律

在比赛中，同队的所有队员必须有一致的思想、步调，默契配合，与

① 如丹麦汉斯测试甲级队比赛血乳酸值为 4.4 毫摩尔 / 升；德国杰里施发现职业队同业余队比赛血乳酸值为 4 ~ 6 毫摩尔 / 升，顶峰值也只有 7 ~ 8 毫摩尔 / 升；匈牙利皮特和其他国家研究者的结果也基本围绕这一范围。

对手争夺球权，从而展开对抗。所以，比赛中的对抗性是时刻存在的，具有明显的整体性、对抗性和变化性。因此在训练过程中，必须以比赛为镜子，从实战需要出发，突出足球比赛的高强度对抗性的特点，这是足球训练的重要规律之一。

（三）足球运动具有以技术、技巧为基础，以战术意识为灵魂，以身体、心理和意志力为保证，突出综合性技战术训练的运动规律

如果赛场上运动员的有球、无球技术不能很好地发挥出来，那么其比赛成绩不会太好。可以说，技术、技巧是足球运动员竞技能力的重要因素，必须引起高度的重视。而所有运动员技术、技巧的发挥都必须服从和服务于全队的战术，这样才能发挥 1+1>2 的整体系统功能。作为一项比赛时间长、强度大、对抗激烈、战术难度大的运动项目，运动员还必须具备超强的奔跑能力，快速而富有弹性的爆发性力量，灵敏和柔韧等身体素质，稳定的情绪，较高的注意力，拥有顽强的意志品质的心理能力以及锐利的观察能力，良好的记忆能力，快速、灵活的思维能力和出色的独创能力等智能素质。由此看来，足球运动员的竞技能力是由不同因素及它们之间的密切联系构成的，形成了一个多序列、多环节、多层次的动态结合体。因此，在训练过程中必须将决定足球运动员竞技能力的五个要素，即技能、战术能力、体能、心理能力和运动智能作为一个整体进行综合性训练，同时也要根据这五者的层次性，抓住足球运动的制胜规律，突出足球运动员的技能和战术能力的训练。

（四）足球运动具有以训练为基础，以比赛为目标，以比赛带动训练，突出比赛实用性技术运用的规律

足球运动作为以体育竞赛为主要特征，以创造优异运动成绩、夺取比赛优胜为主要目标的竞技体育的重要组成部分，必须通过高水平的运动训练，全面提高运动员的竞技能力以及球队的集团竞技能力，并且通过运动竞赛的形式将运动员的竞技能力和球队的集团竞技能力表现出来，满足社会大众的消费需要。教练员要通过比赛这个杠杆，充分激发运动员训练的积极性、主动性。在训练的过程中，必须从实战需要出发，紧跟现代足球发展趋势，突出技术训练的合理性、简捷性。

第四节　大学生足球运动教学与训练现状

在上文中，我们对现代足球运动的特征和规律做出了一番探讨，想必每位读者对这部分内容已经有了更加深入的认识。下面，我们主要围绕大学生足球运动教学与训练现状进行具体阐述。

一、大学生足球运动教学现状

教学目标、教学内容、教学方法以及教学评价现状，是大学生足球运动教学现状的主要表现。下面，我们主要围绕这四者进行具体探讨。

（一）教学目标现状

如今，大学生足球运动教学的目标存在一些缺陷，主要体现在以下三个方面。

1. 目标缺乏清晰、明确的文字说明

迄今为止，虽然各大高校足球教学的目标涉及知识传授、技能培养、身体素质发展等诸多方面，但在具体操作中，都缺乏清晰而明确的文字说明，主要表现在以下两个方面。

（1）欠缺指标性描述，没有判断教学任务是否完成的标准。这就使得体育教学的目标失去了指导教学进程的作用。

（2）对教学结果没有明确的说明。这使得师生双方难以形成有效的沟通和交流，对教学目标的实现产生阻碍作用。

从大体上来讲，足球教学目标包括基本理论知识、身体锻炼方法、足球竞赛规则等方面。但教学工作没有指明目标实现后该如何去做，所以目标有些笼统，不够清晰。

2. 目标缺乏系统性

目标单一，缺乏系统性，是高校在制定足球教学目标方面的缺陷。通常，理论教学、技能教学属于足球教学过程的内容；足球教学又可分为三部分，即知识传授、技能传授和思想品质。这些都应被统一在完整的足球教学过程中。

学生与教练在教学过程中要互动好；另外，还要密切结合知识传授、技能传授和思想品质教育，其原因在于，这三者之间有着不可分割的关系，且互相影响。只有做到这些，才能更加顺利地开展教学，否则结果可想而知。为了保证目标更具系统性，应分层次、分阶段地提出目标，并将所有教学目标统一在具体的教学目标下。

3. 忽视终身体育教育

除了以上三点以外，还有一点需要引起我们的注意，即忽视终身体育教育。目前，许多高校对终身体育教育的重视程度不够高，所以国家提出了新的教学目标①。所以，高校足球教学目标设置主要以结合国家意志与教学实际、制定适合的目标体系为出发点。突出足球专项的运动特点，应成为制定足球教学目标时的重点。并且，应将培养学生终身体育意识的课程标准作为教学目标。

（二）教学内容现状

如今，大学生足球运动教学内容存在一些弊端，主要体现在三个方面，具体如下。

1. 教学顺序不够科学、合理

先技术、后战术，往往是高校足球教学内容的顺序。虽然这种教学顺序体现了从易到难的原则，但无法体现以下几个方面的内容。

（1）技术与战术之间的联系。

（2）不同的战术对技术的具体要求。

（3）足球比赛的实际情景。

可见，这种教学内容安排不会令学生产生积极的情绪，因为失去了学习与运用的连续性和系统性。如果长期按照这种安排来进行教学，那么将十分不利于足球教学的顺利开展。

2. 教学内容与教学对象不配套

我们都清楚，对于高校足球教学内容而言，足球技术的教学与训练是很重要的一部分。但大多数技术与训练都是服务于专业运动员的，显然这对大学生在掌握足球技术方面起到阻碍作用。因此，在高校足球教学实践中，必须改进足球技术，使其完全符合高校足球教学的要求。

3. 教学内容缺乏趣味性

除了以上两点以外，还有一点需要引起我们的注意，即教学内容缺乏

① 国家提出新的教学目标为："全面发展学生素质、促进学生健康成长，培养终身体育"。

趣味性。在高校足球教学中，其内容往往缺乏趣味性。不容置疑的是，这导致了学生无法积极地学习，使教学质量大打折扣，主要体现在四个方面。为了使各位读者更好地了解这部分内容，我们制作了图 1–4–1。

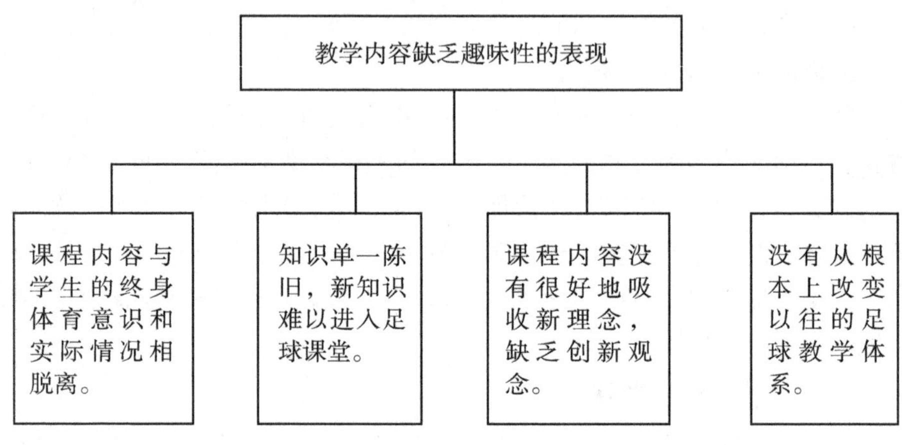

图 1–4–1

（三）教学方法现状

如今，我国大学生足球运动教学方法存在一些弊端，主要体现在三个方面，具体如下。

1. 缺乏针对性

一直以来，高校足球教学课采用的都是以教师为主的教学方法。显然，这是一个传统的教学方法，已无法跟上时代的脚步，导致学生足球技术的提高变得越来越困难。在这种传统方法下，教师对所有学生的传授方法都一样，做不到因材施教，缺乏针对性，所以无论基础好与不好的学生，其技术水平都得不到提高。应及时改变这种不合理的教学方法。

2. 忽视学生的全面发展

在高校足球教学过程中，不仅要考虑技战术、技能传授，还要考虑学生的身心发展特点和规律，选择适合他们的教学方法。但是，有些教师忽略了学生的个体差异，往往对所有学生采取同一种教学方法。显然，这对许多学生而言是消极的，且收不到很好的效果。

所以，教师要根据不同学生的特点来选择真正适合他们的教学方法，帮助他们在足球方面朝着更好的方向前进。

3. 没有充分发挥育人功能

除了以上两点以外，还有一点需要引起我们的注意，即没有充分发挥育人功能。在高校足球教学中，只有选择能够体现育人功能的教学方法，才能使学生真正地喜欢上足球课。然而，如今的高校足球课的教学方法缺乏这一点。所以，很多学生都不能主动地投入足球教学之中。

如果妥善处理好足球教学方法与目标、内容之间的问题，那么教学方法就能发挥出最大的效用，从而充分体现出育人功能，使教学效果得到真正意义上的提高。

（四）教学评价现状

在大学生足球运动教学现状中，除了教学目标现状、教学内容现状、教学方法现状以外，还有一点需要引起我们的注意，即教学评价现状。下面，我们主要围绕教学评价现状进行具体阐述。

实际上，我国目前采用的足球教学评价方式①存在很多弊端。仅靠一次课将两项基本技术的掌握情况作为测试的主要内容，无法全面、客观地反映出学生的表现。除此之外，这种评价方式无法反映教师的教学能力。显而易见，这种方式很不科学、不合理，存在不公平性。

在教学效果评价方面，现行的教学评价体系忽视了学生的特长、目标、兴趣，评价内容、形式过于简单。一些方法可以解决这些问题，即由运动技能单一型评价向综合体育素质评价、终结式评价向过程式评价、绝对性评价向个体相对性评价转变，以及评价方式方法的多元化。

价值判断，应成为对高校足球教学进行评价的重点内容。以往，总是以对现象的客观描述与对事实的判断为评价的重点。经过长期的实践，教育工作者都产生了一种想法：它存在局限性。为了避免这种局限性，应结合量化评价与质性评价，并从这两种方法上考虑评价指标体系的确立，从而建立新的评价体系。

总之，我国高校足球教学在不同方面都存在问题，需要广大教师探究解决相关问题的方法，以提高足球教学效果。

二、大学生足球运动训练现状

谈论过大学生足球运动教学现状，我们将对大学生足球运动训练现状

① 目前，我国高校足球教学普遍采用的评价方式为：选择一两项足球技术作为考试的内容，依据学生在考试时运用这两项技术的大体情况，给学生打出相应的分数；再加上教师以学生平常出勤情况、课堂表现等形式给的印象分，两者相加就成为对学生整个学习过程的评价。

进行探讨。我们对其概括为四个方面，具体如下。

（一）缺乏高水平的足球教师

若想提高大学生足球训练的水平，就需要高水平的足球教师，这一点是毋庸置疑的。然而，我国大多数足球教师没有那么高的水平，而且缺乏训练经验，这阻碍了足球课堂训练水平的提高。为了使各位读者更好地了解这部分内容，我们制作了图 1–4–2。

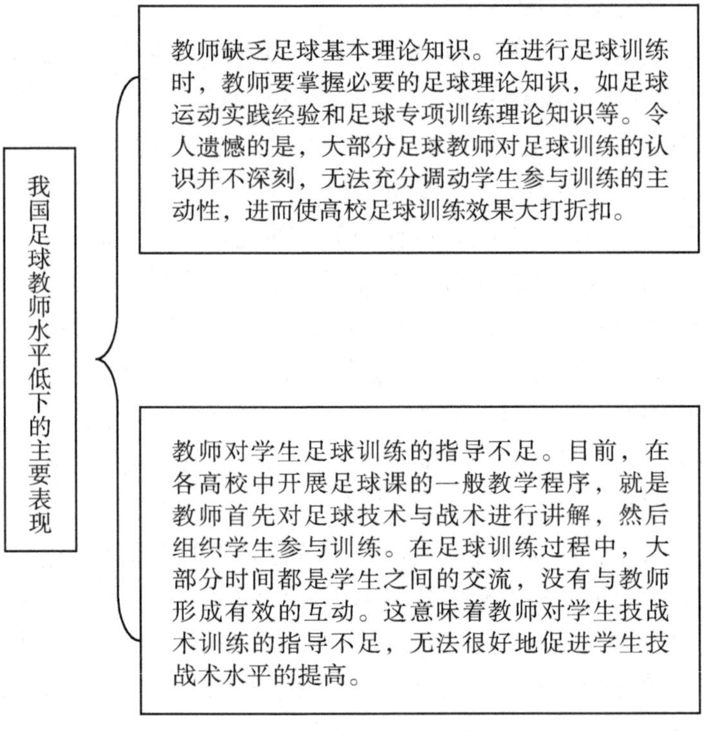

我国足球教师水平低下的主要表现

- 教师缺乏足球基本理论知识。在进行足球训练时，教师要掌握必要的足球理论知识，如足球运动实践经验和足球专项训练理论知识等。令人遗憾的是，大部分足球教师对足球训练的认识并不深刻，无法充分调动学生参与训练的主动性，进而使高校足球训练效果大打折扣。
- 教师对学生足球训练的指导不足。目前，在各高校中开展足球课的一般教学程序，就是教师首先对足球技术与战术进行讲解，然后组织学生参与训练。在足球训练过程中，大部分时间都是学生之间的交流，没有与教师形成有效的互动。这意味着教师对学生技战术训练的指导不足，无法很好地促进学生技战术水平的提高。

图 1–4–2

（二）缺乏必要的理论指导

理论指导可以反映足球训练的规律，能使学生在遵从足球训练基本规律的基础上进行科学的训练实践，能在掌握技能和提高技战术水平方面起到助益作用。

但不容乐观的一点是，我国许多足球老师没有扎实的足球理论基础，这必然不利于学生训练的顺利开展。同时，高校在提高足球训练理论水平方面，对足球教师还缺乏必要的引导。所以，学生训练水平不会有较快的提高。

（三）足球竞赛活动偏少

如今，许多高校只注重足球的训练，而忽视了足球竞赛活动的开展。大部分高校高水平足球队往往处于“只练不赛”的状态，这影响了训练的积极性。其原因在于，学生一直处于没有比赛压力的氛围之中。

（四）对课余训练重视不够

除了以上三点以外，还有一点需要引起我们的注意，即对课余训练重视不够。下面，我们主要围绕这部分内容进行具体阐述。

在我国，许多高校意识不到课余训练的重要性，以及它起到的作用。现今，多数高校依旧以课堂传授为进行足球教学的唯一手段，而课余训练只是让学生自己训练。不容置疑的是，这无法提高学生的训练水平，而且教学效果也不会达到预期。针对这些弊端，各高校应积极采取措施来进行解决，即在课余时间，多组织比赛来调动学生的积极性。

总之，我国高校足球教学与训练存在一系列问题，需要我们积极寻找措施并加以解决。为了解决这些问题，我们提出并总结了五个方面的建议。为了使各位读者更好地了解这部分内容，我们制作了图 1–4–3。

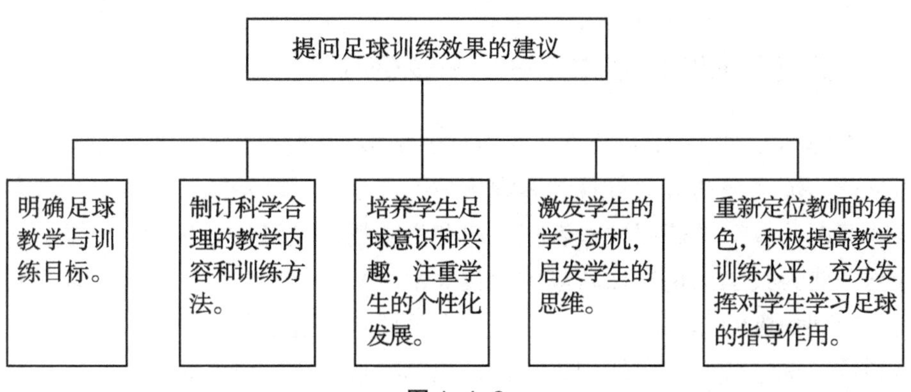

图 1–4–3

第二章　大学生足球训练的基本理论

足球运动始终处于不断发展的状态之中。现代足球在我国逐渐普及以后，我国大学生足球运动的对抗性日益激烈，技战术水平不断提高，技术动作和战术技巧也愈加复杂。所以今天的大学生足球训练比以往任何时候都需要科学合理的训练方法，以不断适应、不断发展足球运动。掌握足球训练的基本理论，对大学生科学地进行足球训练，提高竞技水平，具有重要的指导意义。

第一节　大学生足球训练的原则与方法

一、足球训练的基本理论及一般原则

大学生足球训练要遵守足球训练的一般原则，以一套训练的理论作为依据。足球运动有其自身的客观规律，大学生足球运动员也有其自身的实际情况。教练员依照这些客观规律和实际情况制订出合理、科学的训练计划，能为大学生足球球队整体的技战术水平、运动员个人身心素质的提高，起到积极的作用。实际上，大学生足球训练过程是一项从简到繁、从易到难、从量变到质变的积累过程，是一项科学全面的系统工程。大学生足球运动员想要达到理想的运动效果，就必须遵守一些基本原则，这些基本原则是人们在长期的足球运动实践中经验的总结，是足球运动客观规律的反映。

因此，要想取得符合预期的训练效果，就要遵循这些原则。经过长期的实践与探索，人们逐渐总结出了大学生足球训练的原则，主要包括：区别对待原则、训练与比赛相结合原则、“三从一大”原则、周期性原则、合适的负荷原则等。下面就对这些足球训练的原则做具体的阐述。

（一）合适的负荷原则

在大学生足球训练过程中，遵守这个原则具有重要意义，因为这能在很大程度上影响着训练的最终效果。合适的负荷原则，指的是在进行训练的过程中大学生足球运动员要根据训练要求、训练水平和训练任务，在各个训练环节中科学合理地逐渐加大运动的负荷量，直至达到其所能承受的最大运动负荷量。在具体训练的过程中，要充分注意两点内容（图 2–1–1）。

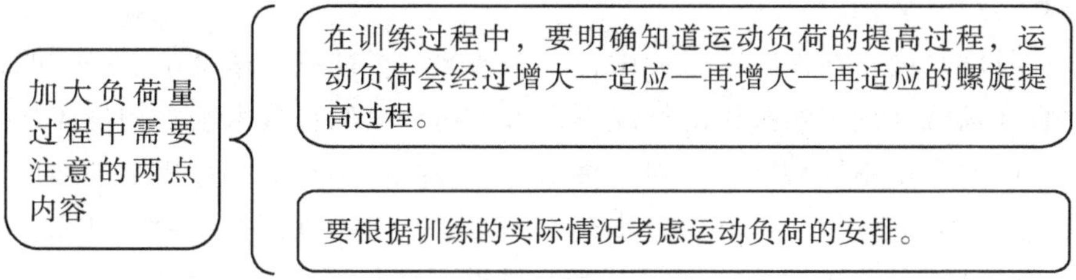

加大负荷量过程中需要注意的两点内容

- 在训练过程中，要明确知道运动负荷的提高过程，运动负荷会经过增大—适应—再增大—再适应的螺旋提高过程。
- 要根据训练的实际情况考虑运动负荷的安排。

图 2–1–1

在制订足球训练计划时，教练员要充分考虑到运动员能承受的合适负荷原则，既不能因为运动负荷太大而对运动员的身体造成损害，也不能因为负荷太小而失去应有的训练效果。适宜负荷原则要求合理考虑运动员对负荷强度和负荷量的承受能力，以及在不同训练阶段身体素质水平的发展情况，在这个基础上确定合适的负荷。逐渐增大负荷量时，就千万要注意不要违背运动负荷量、负荷强度与恢复之间的科学规律；在训练中增加运动负荷一定要循序渐进的规律，不可一步到位，否则可能会造成不良后果。

此外，为了尽可能地提高运动员的技术水平、将运动员的身体潜能发挥到极致，训练中运动的负荷最终一定要达到极限，即加量训练的最终目的是达到超量负荷，其原因主要有两个方面（图 2–1–2）。

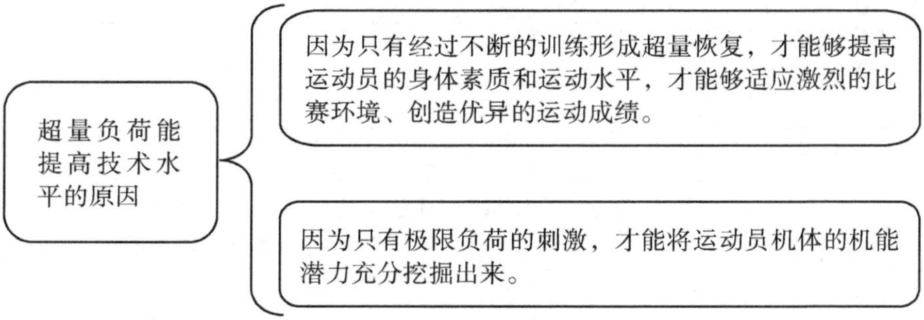

超量负荷能提高技术水平的原因

- 因为只有经过不断的训练形成超量恢复，才能够提高运动员的身体素质和运动水平，才能够适应激烈的比赛环境、创造优异的运动成绩。
- 因为只有极限负荷的刺激，才能将运动员机体的机能潜力充分挖掘出来。

图 2–1–2

（二）区别对待原则

区别对待原则就是要求我们根据运动员的实际情况，加以区别对待。在日常训练过程中，教练员要充分考虑运动员的身体素质与个人特点，如文化程度、技术水平和心理品质、承担负荷的能力、身体条件、性别、年龄等方面；有针对性地选择训练手段、方法，制订科学的训练任务，合理安排运动负荷。在大学生足球运动训练中，这一原则具有很重要的指导作用和实践意义。

具体来说，在训练的过程中，大多数运动员的进步速度是不一样的，而且在训练计划不断推进的情况下，每个运动员的技战术水平和身体素质发生的改变也不尽相同。针对这种情况，教练员要在训练过程中不断进行合理、科学的调整。运动员进步速度的不同，是由性别、年龄、身高、体重等各种因素造成的，在这些因素不同的情况下，运动员的运动能力自然也呈现出参差不齐的现象。据此，教练员针对不同的运动员，要有不同的训练方式，做到区别对待。如果对待所有运动员都采取一刀切的办法，不体现差别，就很难达到训练目标，浪费不必要的时间和资源。总之，在训练过程中，对不同的运动员要区别对待。

为了在大学生足球训练中能够更好地实施区别对待原则，高校足球教练员要注意两个的事项（图 2–1–3）。

训练过程中要注意的两个事项

- 教练员要对运动员的实际情况进行深入细致的了解，包括运动员的身体素质、技术水平、年龄、学习能力等。并根据这些情况来有针对性地选择适宜的训练方法。教练员在训练过程中要建立丰富的资料库，监测运动员的身体素质及技战术的发展变化水平，做到真正了解每一个运动员。
- 训练中要兼顾运动员个人素质的提高和球队整体水平的提高，根据球队的需要和运动员的个人水平，制定合理的训练计划。在全面了解全队和每个人的基础上，充分反映全队的特点和个人的特点，既有对全队的要求，又有对个人的要求。

图 2–1–3

（三）“三从一大”原则

“三从”指的是从实战需要出发、从难、从严三个方面来进行足球训练指导。

第一，训练要求“从实战需要出发”。足球是一项以参加比赛、赢得比赛胜利为目的的运动。所以足球训练要根据比赛的实际需要，从球队自身的总体情况、每个队员的运动素质出发，制定出有针对性的训练计划。

第二，训练要求“从难”的原则。只是进行动作简单、技术难度小的训练，是无法难以提高运动水平的。在训练过程中要根据情况不断地调整训练的难度，使训练的难度呈现不断上升的趋势，让运动员的技术、战术技能在训练得到不断提高。

第三，训练要求“从严”的原则。在训练过程中要对运动员有严格的要求。只有严格的要求，才能保证训练计划的顺利进行。显然，松散的纪律要求难以取得良好的训练效果。而且，严格的要求也有利于激发运动员的身体潜能，使其潜能得到最大程度的发挥。

“一大”是指进行的训练要是大负荷的。显然，小负荷的训练无法有效提高运动员个人的运动技能，也无法有效促进运动队伍整体竞技水平的提升。所以，在训练过程中，要科学地加大负荷量与负荷强度，让运动员和运动队伍的总体水平呈现不断提升的趋势。这是进行科学训练的必由之路。

大学生足球训练要切实遵守“三从一大”的原则，这是在多年的大学生足球训练的实践与探索中总结出来的一个重要原则。按照原则贯彻训练计划，能有效提高大学生足球运动的水平。

（四）全面性原则

大学生足球训练要遵循全面性原则，它对大学生运动员综合竞技水平的提高有综合指导意义。为了使大学生足球队和足球运动员取得良好的训练成绩，就需要保证这个原则得到合理的贯彻执行。我们都知道，足球运动是一项全身性运动，全身的各个肌肉、部位都参与进来，各个器官和系统都参与协调。进行全面的训练，可以让全身各系统相互协调、促进和提高。

（五）一般训练与专项训练相结合原则

在大学生足球训练过程中，训练方法分为一般训练与专项训练。其中，一般训练指的是运用各种训练方法来提高全身各系统与器官的功能，使身体素质、心理状态得到全面健康发展。专项训练是指，针对某些项目进行侧重训练，如针对盘球技术、点球技术、定位球技术进行专项训练。

一般训练和专项训练要在大学生足球运动员的训练全程中，相互结合使用。具体而言，要根据运动员的训练技能情况、足球运动的专项特点和阶段的训练目标以及不同的训练时期，对一般训练、专项训练的顺序和任务量做出正确的规划。对于技术水平高、身体素质好的运动员，就应加大专项训练的比重；对于技术水平低、身体素质差的运动员，就相应地减少专项训练而增加一般训练的任务量。

此外，在不同的训练阶段，教练员规划一般训练与专项训练的任务量时，也要有一定的区别。这时通常需要注意的两种情况（图 2–1–4）。

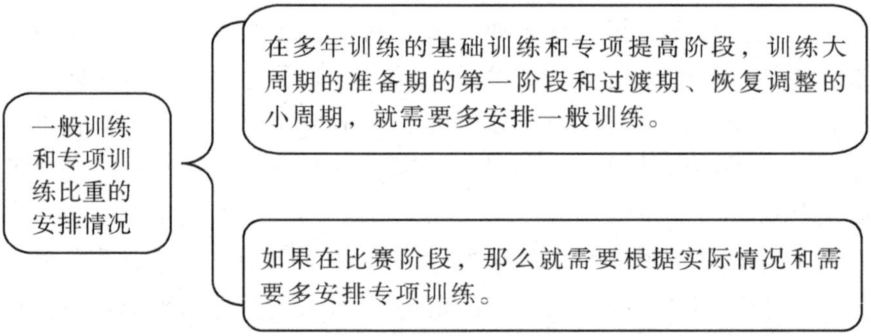

一般训练和专项训练比重的安排情况

在多年训练的基础训练和专项提高阶段，训练大周期的准备期的第一阶段和过渡期、恢复调整的小周期，就需要多安排一般训练。

如果在比赛阶段，那么就需要根据实际情况和需要多安排专项训练。

图 2–1–4

（六）积极主动性原则

足球运动员在训练中会遇到各种困难，如果运动员不主动积极的参与训练，训练目的不明确，一旦遇到困难就容易产生畏惧困难、想要放弃的心理。从这个角度来说，怎样去调动运动员的积极性对保持可持续的训练计划来说，是一个需要理清的问题。想要在大学生足球训练过程中切实贯彻这一原则，需要做到两点要求（图 2–1–5）。

贯彻积极主动性原则要做到的两点内容

足球运动员明确自己参加足球运动训练的目的，明确自己参加的动机，端正自己的训练态度。明白足球运动可以对自己的身体、学业和心理素质产生积极影响的道理；认识到足球训练的价值，正确使用科学方法，才可以取得最佳的训练效果。

要使运动员真正对足球运动产生兴趣，把被动的接受训练变成主动要求训练，应该培养他们对于足球的热爱，让他们对于足球运动的产生发展和现状有系统的了解；培养他们对于著名球星的喜爱，这样才可以激发他们对足球运动的热爱情绪，使其主动地进行训练。

图 2-1-5

（七）训练与比赛相结合原则

训练与比赛相结合原则指的是在大学生足球运动训练的整个过程中，通过日常训练与参加比赛及时发现、改进存在的问题与不足，并且日常进行的技能训练要与实际比赛相适应。

足球运动是一项以参加比赛为主要目的的运动，因此比赛成绩也成了评价足球训练效果的重要指标之一。可以说，足球训练的目的就是为了比赛。因此，在足球训练的过程中，需要举行、参加一些比赛，以检测训练的效果。在比赛中发现的问题，可以在往后的训练中得到改进，对于个别运动员在比赛中暴露的缺点，可以在往后的比赛中进行有效的针对性训练。因此，将比赛与训练相互结合，可以不断提高足球运动员（队）的竞技水平。

（八）周期性原则

足球运动的技术大多需要经过大量的重复练习，才能达到熟练掌握、运用自如的境界。足球运动员也需要经过大量的重复训练，才能使身体素质不断提高。此外，要保证较好的比赛成绩，也需要进行大量的重复训练。进行大量的训练计划，要遵循一定的周期性，按科学的规律执行训练任务，才会取得良好的训练效果。因此，足球运动需要遵循周期性的训练原则。

经过科学的周期性训练，可以全面提高运动员的身体素质、恢复能力、心理状态以及技战术水平。足球训练的过程往往是呈阶梯式上升的，运动员经过每一个周期的训练，其技战术水平和身心素质应该得到一定程度的提高。每一个周期的训练应该成为下一个周期的基础，为下一个周期提供更高的训练起点。

（九）系统性原则

想要取得良好的训练效果，就不能只是采用短期、零散的训练方式。总结长期的足球运动实践经验可以知道，要培养优秀的足球运动员，全面提高运动员的技战术水平和身心素质，就不必须采用长时间的、系统性的训练方式。大学生足球训练的系统性原则，是指从训练开始的最初阶段到运动员达到较高技术水平，并且不断提高运动能力的训练过程中要实现前后连贯、环环相扣和联系紧密的系统训练。

严格贯彻系统训练的原则，能够保证足球训练的训练效果。贯彻系统性原则需要注意两个方面的内容（图 2-1-6）。

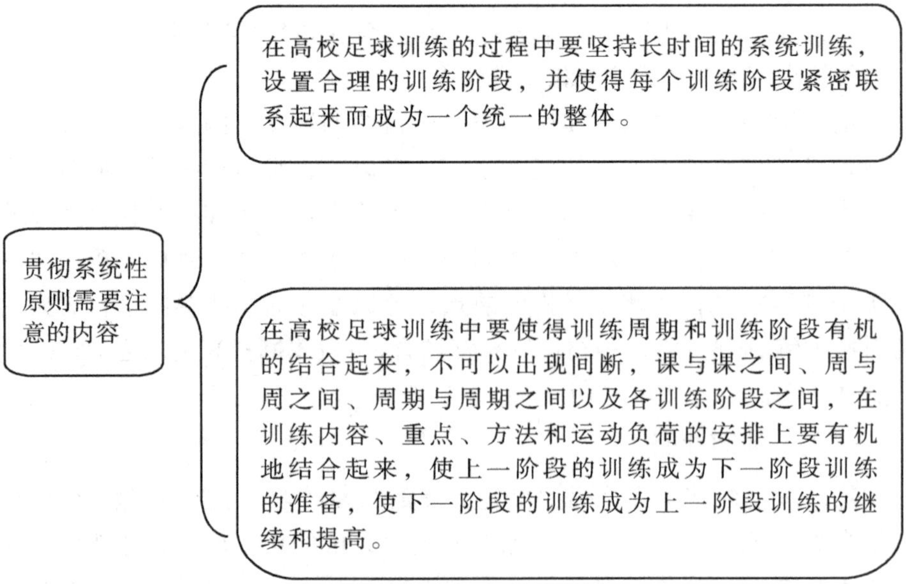

贯彻系统性原则需要注意的内容

在高校足球训练的过程中要坚持长时间的系统训练，设置合理的训练阶段，并使得每个训练阶段紧密联系起来而成为一个统一的整体。

在高校足球训练中要使得训练周期和训练阶段有机的结合起来，不可以出现间断，课与课之间、周与周之间、周期与周期之间以及各训练阶段之间，在训练内容、重点、方法和运动负荷的安排上要有机地结合起来，使上一阶段的训练成为下一阶段训练的准备，使下一阶段的训练成为上一阶段训练的继续和提高。

图 2-1-6

二、大学生足球训练的一般方法

足球训练的方法，是决定足球训练效果的最重要因素。一般而言，经过实践检验的、目前常用的足球训练方法有以下八种。

（一）游戏训练法

游戏训练法就是采用游戏的方式来进行足球训练的方法。游戏训练法可以在训练的同时达到适当休息、减轻压力的目的，因此这种方法能够最大限度地调动运动员训练的积极主动性，而且在训练中具有愉悦身心的效果，从而在身心娱乐中达到训练目的。

多样性与趣味性是游戏训练法需要注意的两个关键因素，这是取得理想训练效果的重要保障。游戏训练法的运动负荷，要根据训练者的实际情况的不同而改变。

（二）持续训练法

一般而言，持续训练法可以按照训练时间的长短，具体细分为短时训练法、中时训练法和长时训练法。针对需要花费长时间、无间断地进行锻炼才能达到效果的项目，就需要持续训练法进行指导训练。

需要特别注意的是，持续训练时运动员的平均心率应该在 130 ~ 170 次 /min 的范围内。

（三）变换训练法

在大学生足球训练中，通过变换运动员的练习内容、形式、条件以及运动负荷来增强运动过程的趣味性、积极性和适应性的训练方法，就是变换训练法。在大学生足球训练过程中，变换训练法主要包括变换动作组合、变换运动负荷、变换训练环境等几种训练方法。

运用变换训练法能够有效提高身体素质训练水平，提高机体对比赛的适应能力，以及提高运动技术与战术；有利于克服练习时所产生的单调枯燥感，培养运动员的各种运动感觉，对推迟疲劳的出现也有着积极的意义。

大学生足球运动员在采用变化训练法进行足球训练时，要注意几个事项（图 2–1–7）。

采用变换训练法的注意事项

在足球运动训练中，运用变换训练法时，要根据训练的具体目标，有目的地变换练习的运动负荷、技术动作的组合、练习的环境和条件等。

根据训练计划的基本内容灵活采用合理的变换条件，要有利于技术、技能的巩固和身体素质的发展。

在进行技术训练时，在采用变换训练法达到训练目的后，要注意及时恢复到正常情况下的练习；及时纠正错误动作，避免错误动作形成动作定型，增加或减少练习的重复次数与调整间歇的时间。

要根据实际情况不断调整训练的负荷，在训练中逐步增加练习的数量，提高练习的强度。

图 2–1–7

（四）循环训练法

循环训练法能用于一般训练，也能用于足球专项训练。它能有序地、系统地、有针对性地进行背部、腹部、双腿、双臂等身体部分的训练。在循环训练法中，每项训练内容都有着一定的要求及其负荷量，所以能根据训练重点的安排、练习的内容及循环的顺序等，分成几种练习形式。

循环锻炼法能够让足球运动员的综合素质得到快速提高。有几个方面在进行循环训练时需要引起注意，它们都能在一定程度上对大学生足球训练的效果产生影响。一般而言，在循环训练法中，有几个方面是不可忽略的（图 2–1–8）。

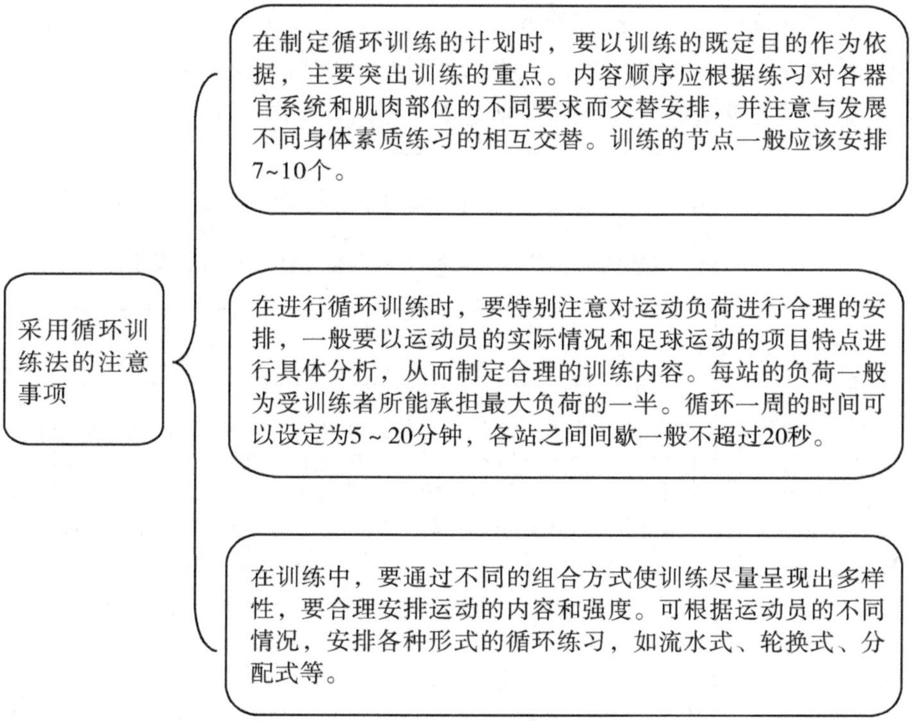

采用循环训练法的注意事项

在制定循环训练的计划时，要以训练的既定目的作为依据，主要突出训练的重点。内容顺序应根据练习对各器官系统和肌肉部位的不同要求而交替安排，并注意与发展不同身体素质练习的相互交替。训练的节点一般应该安排7~10个。

在进行循环训练时，要特别注意对运动负荷进行合理的安排，一般要以运动员的实际情况和足球运动的项目特点进行具体分析，从而制定合理的训练内容。每站的负荷一般为受训练者所能承担最大负荷的一半。循环一周的时间可以设定为5～20分钟，各站之间间歇一般不超过20秒。

在训练中，要通过不同的组合方式使训练尽量呈现出多样性，要合理安排运动的内容和强度。可根据运动员的不同情况，安排各种形式的循环练习，如流水式、轮换式、分配式等。

图 2–1–8

（五）综合训练法

如果在一次训练中同时采用了前面所讲的两种或两种以上的训练方法，或者在一组训练中同时安排各种技术训练和体能训练，那么我们称这种训练方法为综合训练法。

由于可以选择的方法较多，因此组合出来的综合训练法就是多种多样的。所以在选择综合训练法时，可选择性比较多。但是，在训练过程中也不能做随意的选择，而是要依据实际情况，综合分析考量之后做出最佳的策略组合。具体要考虑的情况是运动员的健康状况、年龄、身高、心理素质以及适应变化的能力等。

（六）竞赛训练法

根据竞赛的内容不同，在足球训练的实践中往往能把竞赛训练法分为适应性竞赛、检查性竞赛、教学竞赛等。竞赛训练法的运用，能够提高身体训练水平、实战能力和技战术，调动运动员训练的积极性，发展心理素质以及检查训练手段与方法。

竞赛训练法是一种具有胜负结果的、有组织竞争性的、以最大强度完成的足球训练法，也是一种比较有激励性质的训练方法。大学生足球运动在使用竞赛训练法进行训练时，要注意三点内容（图 2–1–9）。

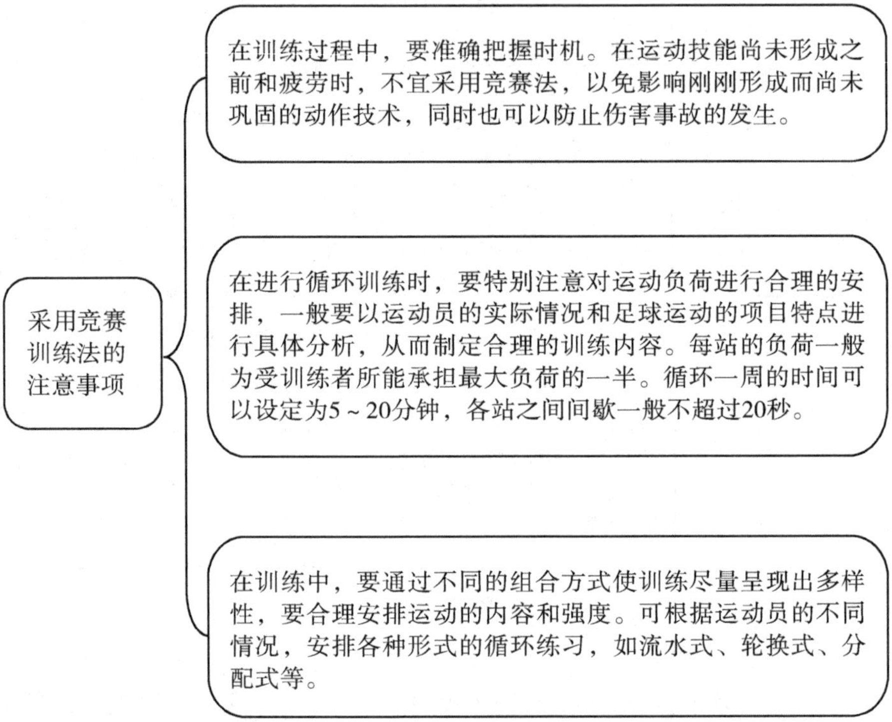

图 2–1–9

（七）间歇训练法

在运动员的机体尚未完全恢复的情况下就继续下一次的训练的方法，称为间歇训练法。这种方法可以有效地提高心血管系统和呼吸系统的机能。具体而言，这种方法是运动员在足球运动训练中依据规定做完一次训练，严格遵循一定的方式进行休息以后，在身体各项指标和机能还没有完全恢复之前，就进行下一组练习的训练方法。

间歇训练法与重复训练法有相似之处，但它们根本上是不同的。它们之间的根本区别是，重复训练的间歇时间比较长，通常在运动员机体机能能力基本恢复的时才进行下一次的练习；而间歇训练的间歇时间比较短，而且每一次间歇时间都有严格规定，要在运动员机体机能完全恢复之前就开始下一次练习。

在大学生足球运动的训练过程中，大学生如果使用间歇训练法，需要注意三点内容（图 2-1-10）。

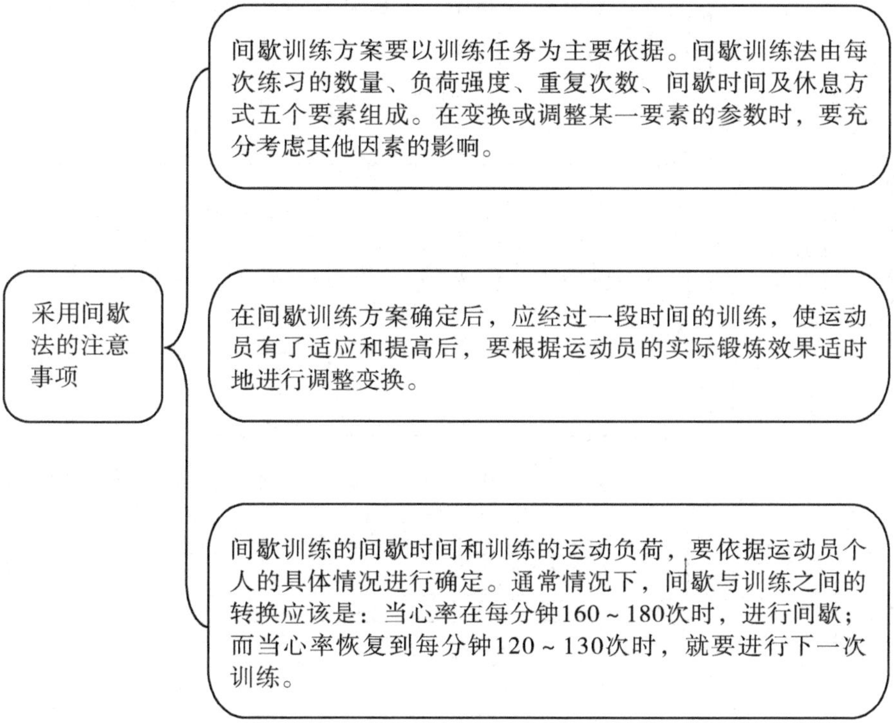

采用间歇法的注意事项

间歇训练方案要以训练任务为主要依据。间歇训练法由每次练习的数量、负荷强度、重复次数、间歇时间及休息方式五个要素组成。在变换或调整某一要素的参数时，要充分考虑其他因素的影响。

在间歇训练方案确定后，应经过一段时间的训练，使运动员有了适应和提高后，要根据运动员的实际锻炼效果适时地进行调整变换。

间歇训练的间歇时间和训练的运动负荷，要依据运动员个人的具体情况进行确定。通常情况下，间歇与训练之间的转换应该是：当心率在每分钟160～180次时，进行间歇；而当心率恢复到每分钟120～130次时，就要进行下一次训练。

图 2-1-10

（八）重复训练法

重复训练法通常能分成间歇式重复训练法、连续重复训练法两种。重复训练能够让足球运动员对某项技术动作形成条件反射，对于技术动作会形成较大的信心，从而在实际运用中会更加熟练，在比赛中能够形成稳定的发挥，从而促进运动员意志品质的形成。

多次重复以后，身体对运动反应的负荷量就会加大。当重复次数不断地增加时，最终会让身体承受的负荷接近极限。

在足球训练的过程中，如果运用重复训练法，大学生应注意三点内容（图 2-1-11）。

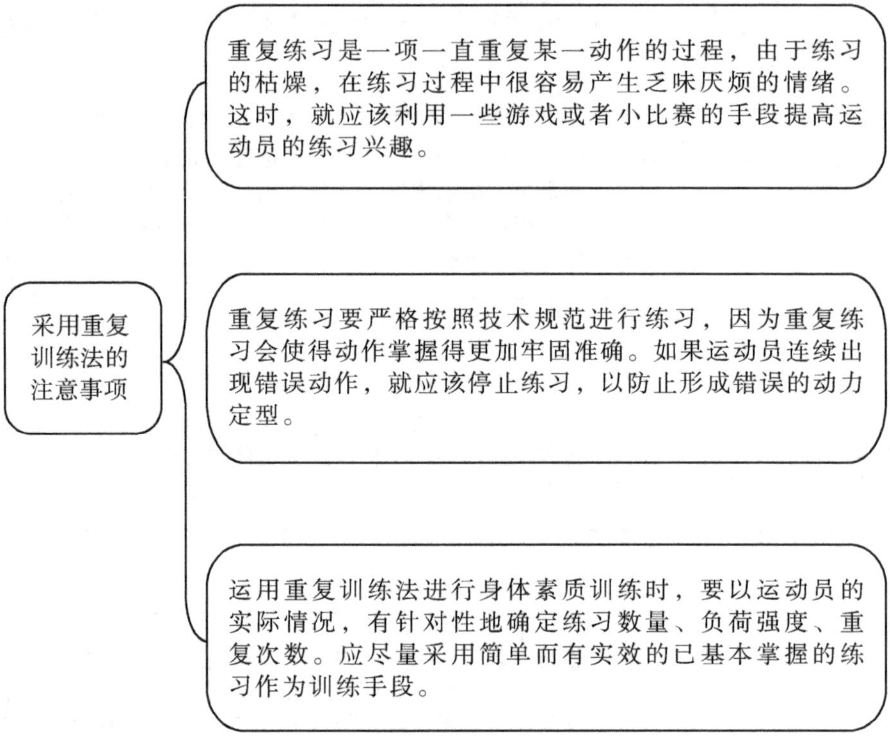

图 2-1-11

第二节　大学生足球训练的负荷安排

对负荷量做科学合理的规划，是提高大学生足球运动成绩的重要因素之一。教练员的执教能力往往体现在可以因地制宜、因人制宜、因时制宜地安排训练周期的负荷量。因此，大学生足球教练员要对其管理的足球队、运动员进行科学合理的负荷安排。

一、调控运动训练负荷量的主要形式

“负荷—恢复—超量恢复”，是运动训练负荷量的一般规律。教练员在结合训练实际的基础上，遵循这个一般规律，就可以对运动训练负荷量进行科学合理的调控。

（一）跳跃式调控

在训练过程中，让运动量有较大的起伏，呈现出波动变化的形式，打破平常训练中保持的动态平衡状态，这种训练方法就是跳跃调控。跳跃式调控可以让运动员在训练的过程得到超量恢复，使运动员的技术水平和身体素质得到明显的提高。不过，跳跃式调控的实行难度较大，普通的训练计划和身体素质一般的运动员最好不要采用；在赛事级别较高、运动能力较强的运动员身上可以采用这种方式。

（二）阶梯式调控

“上升—保持—上升”的训练方法，就是阶梯式调控的形式。这种运动调控方式能使运动量阶梯式上升，通常用在赛前训练的运动负荷计划。

（三）恒量式调控

在教练员安排运动训练量时，在某个训练阶段中，将运动量保持在特定的区域内，运动量不会有太大的起伏，这种训练方式我们就称之为恒量式调控。在进行足球运动训练的过程中，对运动员进行恒量式调控是最为常见的方法之一。教练员在对运动负荷进行安排的时候，这种调控方式可以贯穿于整个足球运动训练的过程当中。

（四）波浪式调控

运动负荷呈“上升—保持—下降—再上升”的调控形式，就是波浪式调控。这种调控能逐步加大运动负荷，在大学生足球训练的各个阶段都可以运用。

（五）渐进式调控

大学生足球训练中经常使用的一种调控负荷的方法是渐进式调控。运动负荷按照一定规律呈斜线式上升的调控形式，就是渐进式调控。这种调控方法在短训练过程中用得最多。

二、训练负荷合适程度的判断方法

想要有效地控制运动训练负荷，就需要先对它有一个准确的判断。一般而言，判断运动负荷的合适程度主要有下面两个方法。

（一）依据心理学进行判断

在进行足球运动训练时，大学生的心理也会受到多方面因素的干扰，比如参与锻炼的兴趣、能力、情绪、意志以及所能够承受的最大运动负荷等，都会对大学生的足球运动训练产生比较严重的影响。相关研究数据表明，足球运动员的心理反应都会在实际活动、心理操作和主观感觉中有一定的呈现。比如，在大型赛事前，通常都会有运动员因为压力太大或兴奋过头而无法正常休息。

（二）依据生理学进行判断

大学生运动员的身心特点会在训练过程中，随着负荷量、训练强度的变化而变化，其变化规律呈现出一定的特点。具体来说，运动员的脂肪、糖类的代谢过程，以及心率等生理指标，会呈现一定规律的变化。

在足球运动的实际训练中，为了科学地掌握训练情况，有必要对运动负荷做出简便、迅速，而且准确的判定。因为心率的测定在实际操作中比较简便，而且心率在运动中也有比较明显的变化特征，所以在判断训练负荷适宜程度的办法中，测定心率是一个被广泛采用的指标。此外，在测定身体代谢变化的指标方面，较为常用的方式是血液检测和尿液检测，但这两者比测心率复杂一些，简便程度比不上和测心率的方法，因而其应用也没有测心率的方法广泛。

三、训练负荷大小的决定性因素

在大学生足球训练过程中，对运动员训练负荷造成影响的因素有很多。具体而言，起决定性作用的因素有下面几点。

（一）足球训练的周期节律

足球训练是有周期性的，包括运动能力的提升、各项生理指标的变化、竞技水平的发展变化、心理状态起伏规律等，这些方面都呈现一定的周期性。具体来说，一般在足球训练的休整期时，训练的负荷量和训练强度都应该适当减小。所以说足球训练的周期性特点，对训练负荷量的大小有极其重要的影响。

（二）足球专项竞技的需要

在很大程度上决定了训练负荷量大小的是足球运动的专项特点与比赛

的时机。与其他形式的运动相比，足球运动具有不同的特点，相应地，它的训练方式也就有其自身不同的特点，足球运动对于运动负荷的要求也与其他运动形式有所差别。足球运动的负荷特点主要体现在负荷的大小、负荷的侧重点两个方面。如果想在训练中取得最好的训练效果，则要按照足球运动的专项特点，科学地规划好训练中需要的运动负荷量。

（三）足球运动员的承受能力

通常情况下，运动负荷越大，经过超量恢复后对运动员身体的锻效果就越好。但凡事又有一个限度，运动负荷也不例外。运动负荷可以逐渐加大，但是不能超过运动员的极限。这个极限就是运动员机体整体或者局部所能承受的最大负荷限度。

另外，足球运动员的训练水平、健康状况、性别、年龄、心理状态以及上一次运动训练后的恢复状况等因素，都会对运动员的承受能力造成一定影响。所以，在制定足球运动的训练计划时要根据实际情况而定，依据每个运动员可承受负荷的能力合理确定运动负荷。

四、合理安排训练负荷的措施

（一）根据负荷与恢复的关系合理安排时间

运动员的恢复情况与运动负荷之间，往往存在很强的相关性。运动负荷量大、强度高，则恢复就相对慢一些；运动负荷量少、强度低，则恢复就会快一些。所以在运动训练过程中，要注意合理的安排训练负荷与恢复。要认识到，运动疲劳是会积累的，当积累到一定程度就可能造成过度疲劳而损伤身体。因此，在训练当中合理安排恢复时间，是非常有必要的。

运动员接受负荷的能力、足球运动间歇时间的长短以及恢复的机能水平，这些因素都和负荷有着直接的联系。除此之外，负荷的性质也在很大程度上决定着恢复时间的长短。

（二）有针对性地调整训练计划

大学生足球训练的过程要建立在遵循合理的训练计划之上。如果在训练中受到了干扰，无法按计划完成训练，这时就需要针对训练的进展及时做出调整，这样才保证训练计划的完成。

（三）根据实际情况和具体需要对运动量进行合理安排

大学生足球训练的每个阶段对于运动量的需求有所不同，每个阶段也都有不同的内容、标准、任务。足球运动员对运动负荷的适应能力可以逐步加强，经过“加大→适应→再加大→再适应”的过程，逐渐增加运动负荷，使训练效果得到增强。经过这样的过程，可以有效地加强运动员的训练水平。执行运动训练负荷计划的时候，必须依据实际情形，以运动员的水平和训练任务为重要参考。

此外，在计划运动训练负荷时起到很好指导作用的规律还有“负荷→恢复→超量恢复”，这一规律能实现合理搭配运动量与恢复的目的，进而获得良好的训练效果。

第三节　大学生足球训练计划的制订

训练计划可以按照实施所需的时间长短，划分为课时训练计划、周训练计划、阶段训练计划、年度训练计划、多年训练计划等五种类型（图 2-3-1）。

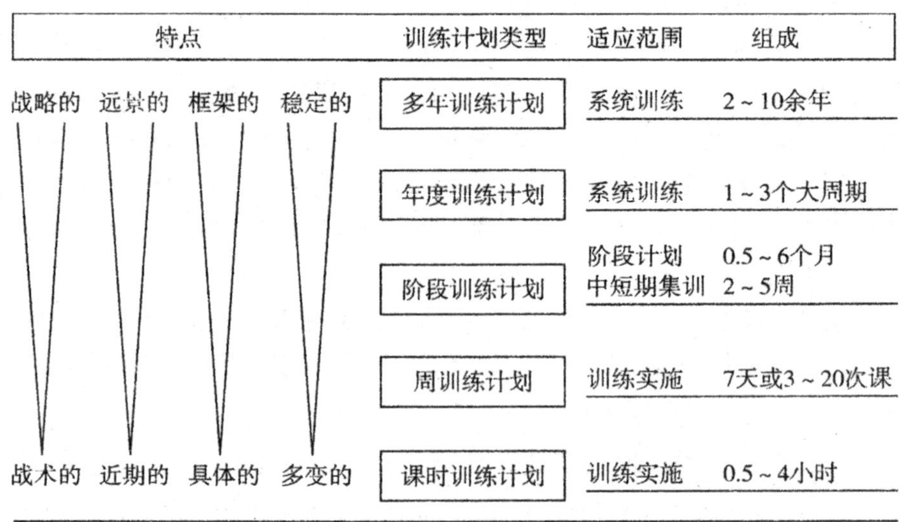

图 2-3-1　大学生足球训练计划的类型

一、制定课时训练计划

（一）课时训练计划的概念和特点

课时训练计划是依据周训练计划而制订的更加详细的训练计划。课时训练计划时间比较短一些，但它包含的内容比较多，可以分成三大类：一类是设备、器材和场地，一类是恢复的具体措施，还有一类是训练课的负荷、时间、结构、任务以及训练手段、方法等。大学生足球训练中最具体、最详细、最下位的训练实施计划就是课时训练计划。

（二）制订课时训练计划的基本步骤

1. 确定训练任务

训练课时任务具体包括技战术提高训练、身心素质提高训练，以及适应比赛的训练等方面，课时训练计划要能非常直观地确定这些训练任务。

在课时训练中，大学生可以根据实际需要灵活选择训练任务，可以做单一训练，也可以做综合性训练。一般而言，一节课只需要确定一两个主要任务即可。

2. 合理安排训练的内容和时间

课时训练的结构由开始阶段、准备阶段、基本阶段和结束阶段四个阶段构成。在实际的训练中，开始阶段和准备阶段往往合为一个阶段，也就是说，实际训练中课时训练结构常常是三段式结构。

在准备部分的训练中，一般会贯穿热身活动以及一些即将进行专项训练的预备活动。完成本课任务的主要环节是基本阶段，其主要的训练内容包括技战术的使用和身体素质的提高等，这部分训练的时间一般安排十五分钟到半个小时，占全课时间的百分之八十；结束部分主要是通过有效的整理活动达到消除疲劳的目的。

3. 确定科学的训练课组织形式

大学生足球运动课时训练的组织形式要以队员的实战需要、位置、技术能力，以及本次训练课的任务等情况为主要依据。而且还要考虑到符合充分发挥教练员的指导才能与作用，能尽量利用场地器材和本次课的时间的要求。

4. 合理安排运动负荷

在安排课时训练的运动负荷时应该充分考虑几个因素的影响，包括：

大负荷高峰出现的次数、平均负荷、全课的负荷量变化曲线、课中的调整与恢复，以及结束部分的恢复。当训练任务不同的时候，要根据该技战术的实际情况所需的运动负荷进行科学化的安排，只有这样才能够真正保证训练计划的合理性。

5. 制订合理的检查方法

在每一次的课时训练中，教练员都需要对用到的场地提前进行统计和记录，并对训练课的时间以及运动距离做好相应的检查工作，对运动员的技战术水平以及场地的规格都能够做到心中有数，只有这样才能够真正保证运动员在进行运动训练的过程中持续有效地进行。从另一个角度来讲，对运动员的定性评价活动以及对抗的激烈程度与效果也要有一个清晰的预判，只有这样才能够真正完成掌握足球运动训练计划的安排与进度情况。

二、制订周训练计划

（一）周训练计划的概念和特点

为了顺利推进一周的训练而制定的计划就是周训练计划。在制订周训练计划时，要按照阶段训练计划合理安排好训练任务、内容和负荷。相对于其他训练计划，周训练计划施行性较强。

（二）制订周训练计划的基本步骤

1. 确定训练内容

在制订周训练计划的时候，要按照具体的需要和阶段性的要求计划好每周的训练内容。每周的训练内容要包括心智、身体和技战术提高训练等方面。

2. 明确训练任务

处于不同的阶段，每周要完成的训练任务是不一样的，即使是处于相同的阶段里，每周要完成的训练任务也应该有所区别。另外，在制订周计划时，要充分考虑周与周之间的训练任务的延续性和递进性。每一周的训练计划要与其上一周和下一周的训练之间有一定的关联性。每一周的训练任务都应该明确。

3. 确定训练手段与方法

在周训练计划中，训练内容、负荷要求确定训练的手段和方法的主要依据。周训练计划要确定好训练手段和方法。

4. 确定训练次数和时间

制定周训练计划前，要掌握运动员的实际水平情况，依据实际情况确定训练次数。针对大学生足球训练，每周训练次数一般在 8~20 次之间。

5. 确定运动负荷

周训练的强度要合适，要有机结合使用大强度、中等强度、小强度的训练项目，总体上使负荷强度和负荷量呈波浪式变化。

三、制订阶段训练计划

（一）阶段训练计划的概念和特点

在全年训练中，为某一个阶段制订详细的计划，这就是阶段性计划。相对于全年训练计划，阶段性训练计划的时间跨度较小，但是却有更加详细的训练规划。阶段性训练计划主要是指准备期、冬训、夏训、重要赛事集训、比赛期等阶段的训练计划。

全年的训练计划是制定阶段性训练计划的主要依据，阶段性训练计划的制订要围绕年度训练计划展开，在训练进度、内容、负荷、要求和任务等方面规划得更加具体可行。

（二）制订阶段训练计划的基本步骤

1. 明确提出本阶段训练的目标和任务

在制订阶段性训练计划时，要充分参考不同训练阶段的训练特点，并以全年训练计划为中心，明确提出本阶段的训练目标和任务，让本阶段的训练计划具有较强的针对性。

2. 制订合理的检查措施

在进行足球运动训练时，需要对运动员的身体素质以及相应的运动指标做一个全面的检查，对运动员进行身体测验的目的就是制订合理运动负荷计划，对运动员的技术进行测验的目的就是对运动员所要达成的技战术水平有一个明确的衡量指标。在检查中用一些能够具体量化的指标做评定，但是做生理测定往往又较高的技术和设备要求，除了在比较重大的赛事中会采用之外，并不常用。

3. 合理安排训练负荷

在训练过程中，运动负荷的安排要呈现一定的规律性，这样的规律要与运动员的身体情况、恢复能力，以及所处阶段的竞技水平等方面相符合。

在不同的训练阶段，对运动负荷的安排也应有不同的侧重点。比如，在准备阶段，运动负荷应该从较小的量和强度开始，其变化要以量变为主，在强度方面不宜有明显增加；在赛前的准备阶段，则要以负荷强度的增加为主要训练手段，这时候负荷量保持相对稳定；在球队赛后的休整阶段，训练负荷量与强度都要逐渐下降，直到下一轮的训练开始时才逐渐回升。

4. 合理分配训练内容和比重

在阶段性训练中，主要内容有身体素质训练、技战术水平训练、比赛适应性训练等内容。在不同的阶段，其内容有一些差别。在很大程度上，各个阶段的训练内容、训练比重是由具体的训练任务决定的。教练员在制定阶段性计划时，要根据这些实际情况做合理的选择与规划。

5. 确定本阶段的训练时间

确定阶段性训练周数的主要依据，是训练的周期性特点和周期的阶段性质。过渡阶段的训练时间则通常为四周；竞赛期的训练时间要以竞赛的实际需要为依据具体确定；准备期的训练时间可以稍微延长；每一个训练阶段的时间最好不要少于两周。

四、制订年度训练计划

（一）年度训练计划的概念和特点

年度训练计划与多年训练计划同样属于战略性框架式上位计划。根据一年的训练目标而制订的训练计划就是年度训练计划。相对于对年训练计划，年度训练计划在某些方面做了细化。年度训练计划的制订要围绕多年训练计划展开，其训练内容、任务和要求，要以上一年度的训练效果为依据。

（二）制订年度训练计划的基本步骤

1. 确定当年的指导思想与训练目标

任何训练计划都应该由其指导思想与训练目标，对时间跨度较大的年度训练计划则更应该如此。指导思想和训练目标在年度训练计划中，具有指导全局的重要意义。年度训练目标就是当年球队要为之奋斗的目标，制定年度计划的训练目标时，要充分考虑运动员及整个球队的实际情况，如运动员的身体情况、球队的整体水平，以及上一年度的训练情况等。

2. 具体分析球队当前的状况

年度训练计划的制订要以多年训练计划和上一年度的训练效果为依据。所以在制订年度训练计划时，要对大学生足球运动员初始情况或者经过上一年训练所提高的身体素质、技战术水平做全面的调查。

3. 制订合理有效的检查措施

针对年度计划的效果，我们可以通过一些考核措施、测评办法来进行统计，以具体考察、判断年度计划的实施情况。

4. 合理划分训练阶段

年度训练计划是一种全局性的上位计划，时间跨度较大，规划较为长远。对于年度需参加的一些重要比赛，教练员要做到心中有数，对于训练计划的安排与训练的周期进行合理的安排。在整个训练周期中，教练员也需要根据学生的训练状态进行相应的计划调度，在准备阶段、竞赛阶段以及过渡阶段中都可以进行计划的改变。在转变训练计划的时候，主要考虑的指标有：各项训练内容百分比、主要训练任务、训练时数和课数、阶段所处月份，以及负荷量和强度水平指标等。

5. 明确训练内容和手段

年度训练计划往往依据球队往年的训练效果来制定一些合理的应对措施。在结合本年度训练目标和指导思想的基础上，结合运动员、整个队伍当年的身体素质、技能状态的因素，确定合适的训练内容和训练方法。此外，在制定具体的训练手段时还需要考虑年度的训练特点，既要具有强大的实效性，也要符合训练内容。

五、制订多年训练计划

（一）多年训练计划的概念和特点

大学生足球多年训练计划具有全局性和战略意义。通常为了完成运动员在大学足球队服务期间的预期目标，就要制订针对大学生的多年足球训练计划。球队的整体目标是多年计划的核心，是大学生是球队组建和训练的总任务。对于球队的长期训练而言，多年计划的制订具有重要的指导意义。而且，多年训练计划常常是年度计划和阶段性计划的制定依据。大学生足球多年训练计划常常是两三年，也有四年的情况。

（二）制订多年训练计划的基本步骤

在多年训练计划的制定要分为几个具体的步骤，这是由多年训练计划时间跨度大，实施过程较长决定的。将多年训练计划分为几个阶段进行，将使其更具有可操作性。通常制定多年计划有下面几个步骤。

1. 提出训练的指导思想和训练目标

在制订多年训练计划的时候，要充分考量各个运动员的身心素质、团队精神、技战术水平、发展潜力等综合情况，做具体、透彻的分析之后确定多年训练计划的指导思想。一切要以实战需要为核心要求，确立符合大学生运动特点、符合大学竞赛目标、科学合理的足球训练指导思想和目标。

2. 分析球队现状

对球队、运动员的情况进行客观、系统、全面的了解，是制定计划的第一步。要通过对运动员的全面了解和观察，从而在整个队伍的总体竞技水平、心理素质、身体能力、发展潜力、年龄分布等方面做一个全面客观的评价，在这个基础上真正对球队的整体状况做出判断。

3. 拟定检查措施

有效的激励手段和监督办法是计划顺利进行的可靠保障。激励手段和监督办法的具体落实要有相应的检查措施做保障。检查措施的制定通常包含几个要素，如奖励和惩罚的措施、进度完成的标准、考评的具体项目等要素。

4. 合理安排运动负荷

多年训练计划是分阶段实施的，处于不同的阶段就有不同的负荷要求。各个阶段都有着其阶段性特点，这就要求教练员安排运动负荷的时候要体现这些特点。比如，在竞技保持阶段，足球运动的训练负荷应该保持强度、恰当减量；在专项提高、最佳竞技这两个阶段，通常要以年为单位逐年增加负荷，并不断向运动员的极限水平接近，让运动的竞技水平保持在巅峰状态附近；在基础训练阶段，要求循序渐进地安排训练负荷，注意训练负荷不要过大。

5. 确定训练阶段

我们在本章开头所阐述的足球训练的一般原则，是教练员在制定多年训练计划时要充分考虑的，切莫出现违背一般原则的训练计划。多年训练计划时间跨度大，为了便于实施，应该将计划分成几个阶段，通常分为基础训练、专项提高、最佳竞技和竞技保持四个阶段。在这些阶段中，要根据阶段性特征来制定不同的计划。

第三章　大学生足球运动体能及训练

大学生足球运动的体能训练又称为身体素质的训练，是足球竞技能力的重要内容，主要包括有准备活动、能量代谢、力量与速度的训练、耐力与柔韧性训练、灵敏性与平衡性训练以及整理活动。

第一节　大学生足球运动体能训练与准备活动

一、体能的概念

体能即运动员机体的基本运动能力，又称为身体素质，是竞技能力的重要部分，在足球运动中，又称为“Soccer fitness”，它由身体形态、身体机能和运动素质三部分组成。

其中，身体形态是机体的内外部形状；身体机能是各器官系统的功能；运动素质是在活动时表现出来的力量、耐力、速度、柔韧和灵敏等基本运动能力（图 3–1–1），它们各自相对独立，又相互间密切联系，彼此制约、相互影响。

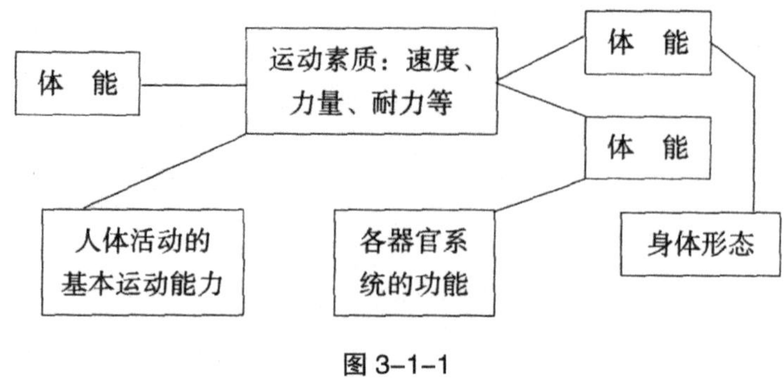

图 3–1–1

二、体能训练

（一）概念

体能训练是指运用各种有效的训练手段和方法，改造身体形态，提高机能水平，增进运动素质。可以说，这是一种综合技术训练、战术训练、心理训练和智能训练的综合训练。

通常，体能训练分为：一般身体训练、专项身体训练和专项能力训练三个内容。

1. 一般身体训练

在训练过程中，一般身体训练指运用多种多样的非专项身体训练手段，增进健康，提高人体各系统的机能水平，促使运动员全面发展，进而为专项训练打好基础。

可以说，一般身体训练的目的是全面协调、发展各肌肉群的力量素质，并按照专项特点需要，有计划、有目的、按比例的改善运动员机体的协调能力、运动速度，进而促使运动员整体素质、力量、速度、耐力、协调、柔韧等各个单项身体素质的全面发展，逐步提高神经肌肉的协调能力，为专项运动能力打下坚实基础。

2. 专项身体训练

在足球训练过程中，专项身体训练采用与比赛规律密切相关的训练手段，改善运动员素质，并且在训练中针对比赛项目的特点，进行有针对性的专门身体训练。

3. 专项能力训练

由于人体运动机能水平、身体素质水平、运动技术水平与战术水平、智能控制水平、比赛心理状态和比赛环境适应等各个方面的能力都不尽相同。因此，专项能力的改善和提高，是非常重要的。

可以说，专项能力越高，个人运动成绩越突出。在训练过程中，运动员需要不断改革、完善，逐步挖掘人体运动的极限潜力，创造最佳的运动成绩。

（二）内容

足球既需要力量、速度、耐力，又需要爆发力、灵敏和柔韧性，运动期间，甚至包括进行频繁的加速、减速、变向和跳跃。因此，对于运动员来说，体能是训练的基础。

对初学者来说，身体素质训练可以提高动作有效性，使其能够应付比赛的需求，继而合理、有效地发挥技、战术能力和水平。

1. 身体素质的组成要素

足球运动员的身体素质（图 3–1–2）由一系列要素组成的，当然膳食等因素在这其中也是必不可少。图 3–1–2 列出了身体素质的主要组成内容，它能给运动机体带来生理变化。

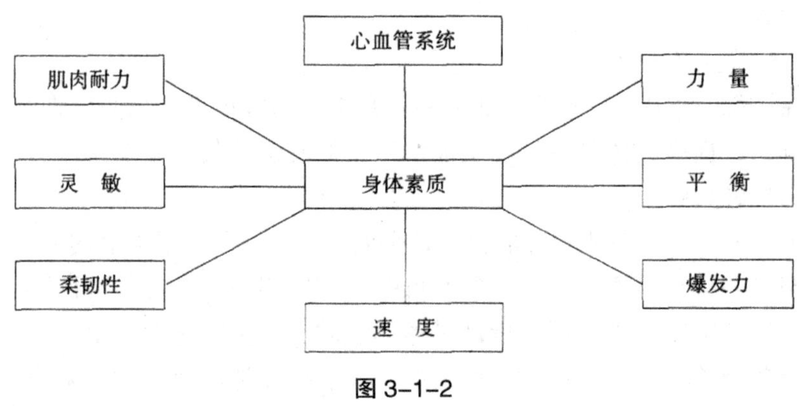

图 3–1–2

2. 体能训练的组成要素

运动能力受先天遗传因素和后天训练影响。后天运动训练是发展和提高的主要因素，足球属于高强度运动。比赛中要冲刺、踢球或抢球，需要大的爆发力，良好的灵敏性和协调性，这往往也成为运动员水平的差别所在（图 3–1–3）。

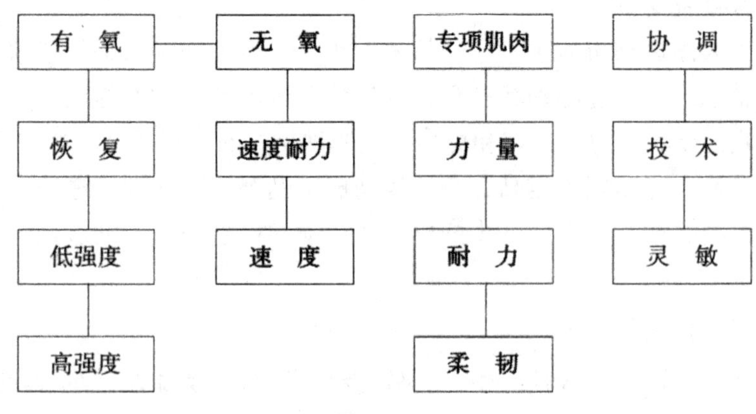

图 3–1–3

（三）基本要求

1. 合理分配训练比例

这主要是指合理安排一般体能训练、专项体能及专项能力训练之间的训练比例。

通常，一般体能训练可全面地发展力量、耐力、速度、灵敏度和柔韧度等素质，提高运动机能，使运动员均衡发展，进而为提高专项运动打下良好的基础。

此外，需要注意的是，一般体能训练，并不意味着绝对均衡，相反，要根据专项运动需要和个人情况合理安排。

2. 与技术、战术、心理和智能相结合

足球运动员的竞技能力是一个完整的系统，在进行体能训练时，一定要合理的选择训练内容、确定训练方法和手段，同时，要尽量与技术动作形式、战术形式、心理和智能有机地进行配合，从而满足竞技体育的比赛需要。

3. 坚持区别对待原则

在足球运动员的体能训练中，一定要严格贯彻区别对待原则。应根据球员的特点来制订不同的训练计划。要因人、因时而异。

4. 运动素质训练

各种运动素质的发展程度不同，可塑性也不一样。训练中，应根据运动可能性，在适宜阶段进行发展提高。

5. 积极采用各种恢复手段

在承受大负荷训练和比赛后，运动员的机体恢复，往往呈现出速度的快慢，直接影响比赛成效。随着现代足球训练负荷的增大，采用广泛的训练恢复、营养恢复、生物恢复和心理恢复都是身体训练的重要环节。

因此，要防止过度训练，减少损伤，因此，在赛前就应该采取恢复措施。

三、准备活动

（一）概念与作用

准备活动是在比赛、训练前，为克服内脏器官生理惰性，缩短工作状态和预防运动创伤的身体练习，它能够为比赛做好充足的赛前准备。

通常，准备活动一般具有以下作用。

1. 提高代谢水平

通常，准备活动能够使体温升高，由肌肉、骨骼、关节及韧带构成的运动器官，受运动神经的支配，就肌肉的特性而言，肌肉具有伸展性、弹性、粘滞性、兴奋性和收缩性等不同的特点。体温升高可降低粘滞性，提高收缩舒张速度，增加肌肉力量，释放更多的氧，增加氧供应，增加酶的活性，代谢水平随之提高。

2. 克服内脏惰性

内脏受神经支配，具有以下特点。

（1）灵活性低，兴奋与抑制转换时间较长。

（2）兴奋传导慢，兴奋相对滞后，产生惰性。

（3）提高心血管和呼吸系统机能水平，毛细血管网扩张。

3. 促进中枢协调

运动本质是条件反射，准备活动可以提高中枢神经系统的兴奋性，调节不良状态，使大脑快速反应，增进协调，使大脑皮层处于最佳兴奋状态，从而更好地发挥自己运动水平。

（二）具体方法

1. 无球准备活动

这种准备活动一般应按以下步骤进行。

（1）慢跑让身体发热。

（2）在发热基础上，进行关节活动。

（3）对运动主要肌群进行牵拉。

此外，牵拉应以动力性牵拉为主，如踢腿、扩胸、振臂等，不静力性牵拉练习，会降低神经系统的兴奋性和温度，导致肌肉过于放松，能力下降。

（4）开始专项活动，强度由小到大、逐渐增加。

2. 带球准备活动

这种准备活动一般应按以下步骤进行。

（1）慢跑中颠球、运球和传接球。

（2）结合球进行各主要关节的活动。

（3）结合球对运动肌群进行牵拉。

（4）展开专项技术活动，强度递增。

需要注意的是，准备活动的量，应根据个人具体情况而定。与正式训练的间隔不要太长，不要超过 5 分钟。

第二节　大学生足球运动能量代谢过程和训练

一、比赛供能系统分析

（一）身体能力基本特点

1. 活动距离

通常，活动距离长、强度大，是“全面型”足球问世以来，对足球运动员身体能力的具体要求之一（表 3-2-1）。

表 3-2-1　足球运动员活动总距离和强度表

研究者	球队	总距离	上半时	下半时	走动	慢跑	快冲跑
瑞利	英国（1976 年）	8700			2200	3700	2800
怀特斯	澳大利亚（1982 年）	11500	5800	5700	3600	5700	2200
埃克布洛姆	瑞典（198 年）	10000	5000	5000	9200		800
凡古尔	比利时（1988 年）	10300	5400	4900	4400	5100	800
奥哈式	丹麦（1988 年）	10800	5500	5300	3600	5200	2000

2. 跑动类型

一场比赛中，跑动的分类以及频率平均值（表 3-2-2），再结合图 3-2-1，能够看出，除守门员之外，场上队员跑动总距离包括：走动 25%，慢跑 37%，最大强度跑 20%，全速冲刺跑 11% 以及后退跑 7%。

表 3-2-2　跑动的分类以及频率平均值

跑动类型	跑动距离（米）	频率（次）
慢跑	3187 ± 746	239 ± 48
高速跑	1810 ± 411	114 ± 16
冲刺跑	974 ± 246	62 ± 15

续表

跑动类型	跑动距离（米）	频率（次）
走动	2150 ± 471	308 ± 49
后退	559 ± 247	120 ± 37
合计	8680 ± 1011	843
控球距离	158 ± 85	

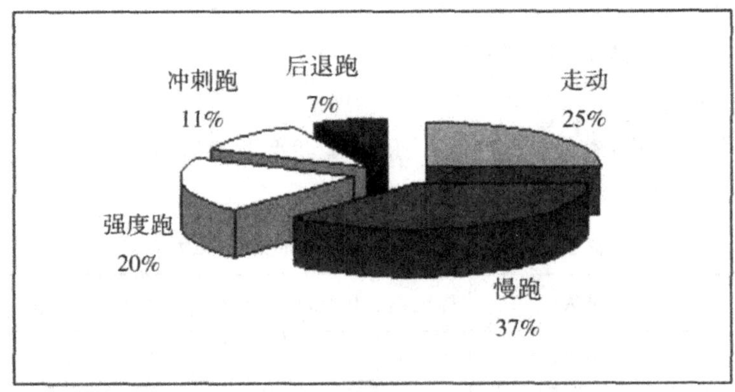

图 3–2–1

3. 活动强度和类型

此外，对于足球比赛中运动强度和时间，以下进行详细分析（表 3–2–3）

表 3–2–3　各类型跑动时间比例

<table>
<tr><th colspan="2">跑动类型</th><th colspan="2">跑动时间所占比例（1%）</th></tr>
<tr><td colspan="2">原地站立</td><td colspan="2">17.1 ± 1.5</td></tr>
<tr><td colspan="2">走动</td><td colspan="2">40.4 ± 1.6</td></tr>
<tr><td rowspan="3">低强度跑</td><td>慢跑</td><td>16.7 ± 2.3</td><td rowspan="3">35.1</td></tr>
<tr><td>低速跑</td><td>17.1 ± 2.5</td></tr>
<tr><td>向后移动跑</td><td>1.3 ± 0.3</td></tr>
<tr><td rowspan="3">高强度跑</td><td>中速跑</td><td>5.3 ± 0.4</td><td rowspan="3">8.1</td></tr>
<tr><td>高速跑</td><td>2.1 ± 0.2</td></tr>
<tr><td>冲刺跑</td><td>0.7 ± O．1</td></tr>
</table>

（二）不同位置运动员活动基本特点

在足球比赛中，每场比赛的跑动距离因为位置的不同而有所差异（图3-2-2）。不同位置球员的跑动距离和类型不同，总体来看，中场队员跑动最长，中后卫和自由人跑动最短，因此，对其爆发力的要求也就越高。

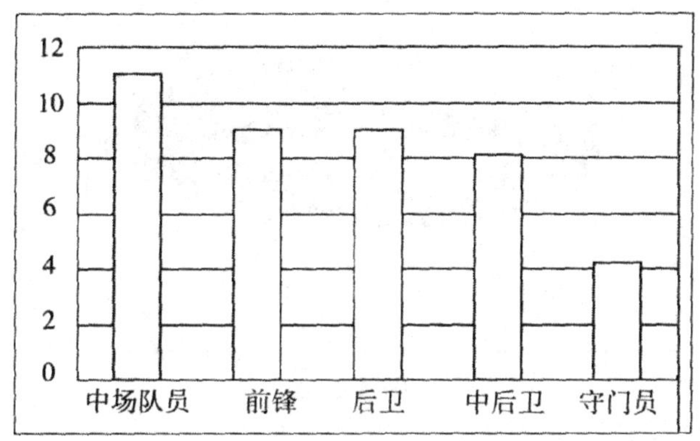

图 3-2-2

研究表明，不同位置的运动员活动特点及身体素质，有以下特征。

1. 前锋队员

（1）前锋队员（图 3-2-3）跑动距离仅次于中场队员，有氧能力要求较高。

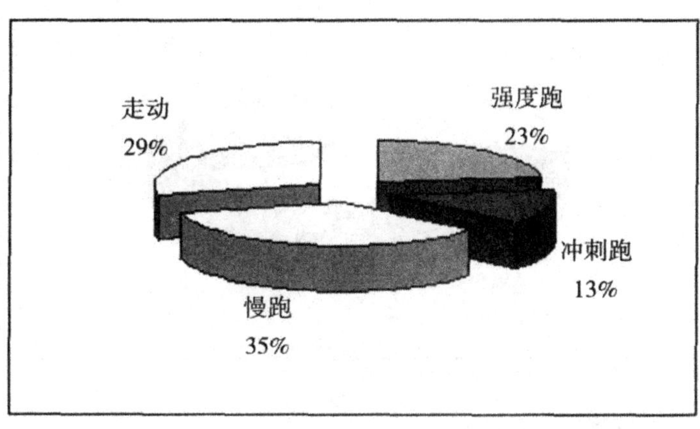

图 3-2-3

（2）强度跑和冲刺跑占比例最高，要求前锋有良好的速度和耐力。

（3）跳跃和头球仅次于后卫，要求好的腿部力量和爆发力。

2. 中场队员

中场队员的活动特点（图 3-2-4）有如下特点。

（1）跑动距离最长，有氧要求最高。

（2）强度跑和冲刺跑占比例较高，要求良好的速度和耐力。

（3）具有良好的腿部力量和爆发力。

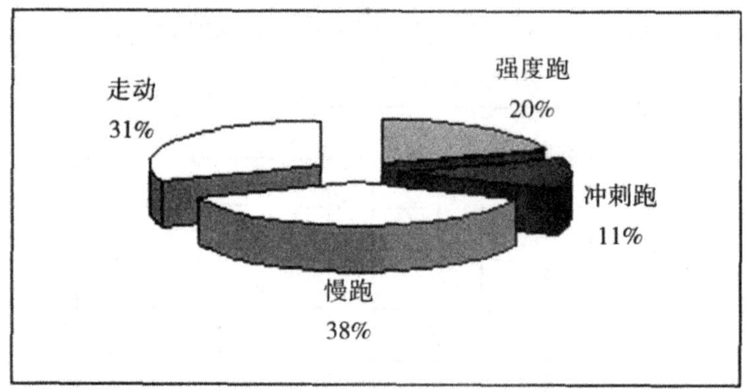

图 3-2-4

3. 边后卫队员

边后卫队员的活动（图 3-2-5），有如下特点。

（1）距离大约在 10 千米左右，有氧能力要求高。

（2）强度跑和冲刺跑比例较高，要求良好的速度和耐力。

（3）跳跃和头球频率较多，要求好的爆发力。

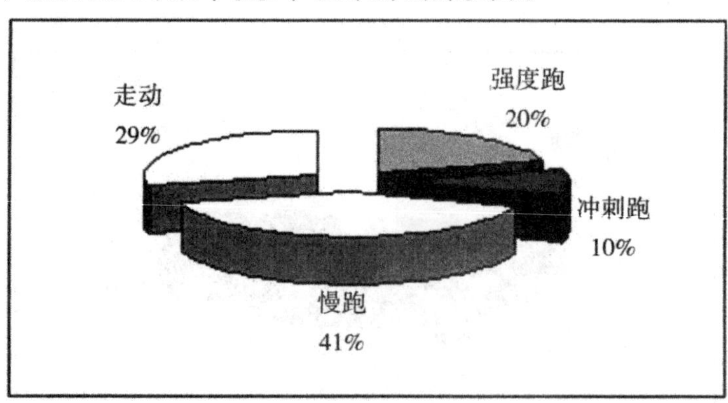

图 3-2-5

4. 中后卫队员

中后卫队员的活动（图 3-2-6），有如下特点。

（1）跑动在 9 千米左右，有氧要求高。

（2）强度跑和冲刺跑比例小，要求好的速度和耐力。

（3）跳跃和头球频率最高，要求出色的腿部力量和爆发力。

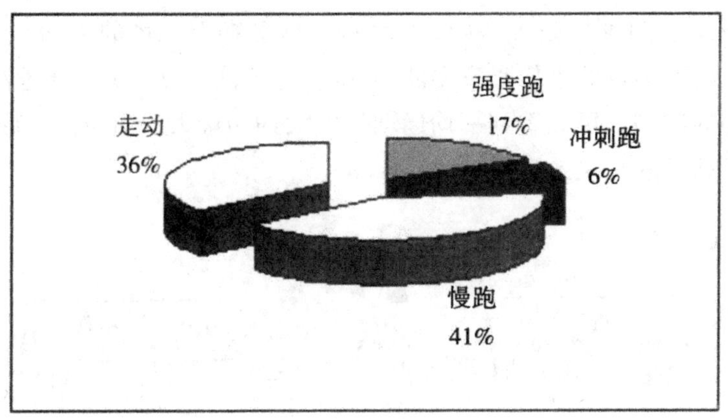

图 3-2-6

5. 守门员

守门员的活动特点如下。

（1）跑动距离 4 ~ 5 千米，有氧要求较高。

（2）全力跑、冲刺跑及跳跃扑救要求高，要求出色的速度、腿部力量和爆发力。

（3）要求良好的兴奋性和专注能力。

二、运动员供能系统分析

磷酸原供能系统、糖酵解供能系统和有氧供能系统共同构成人体供能系统，在足球比赛中，三者互相协作、共同发挥作用。对于运动员来说，运动形式、强度、时间的不同，导致供能系统不同（图 3-2-7）。

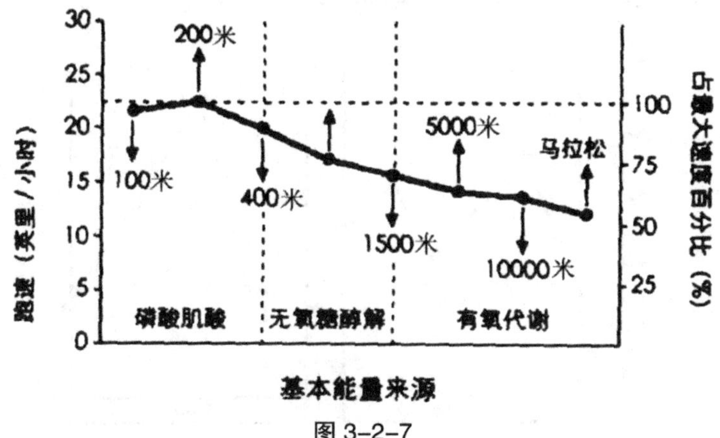

图 3-2-7

注：1 英里 =1.609344 公里

1994年，班斯博研究表明，6名丹麦球员在上半场的平均心率为164次/分，而下半场的平均心率要低10次/分（图3–2–8）。通过对比赛中球员心率的监测，可以看到平均运动强度大约为最大摄氧量的70%左右。这反映运动员的有氧系统供能。

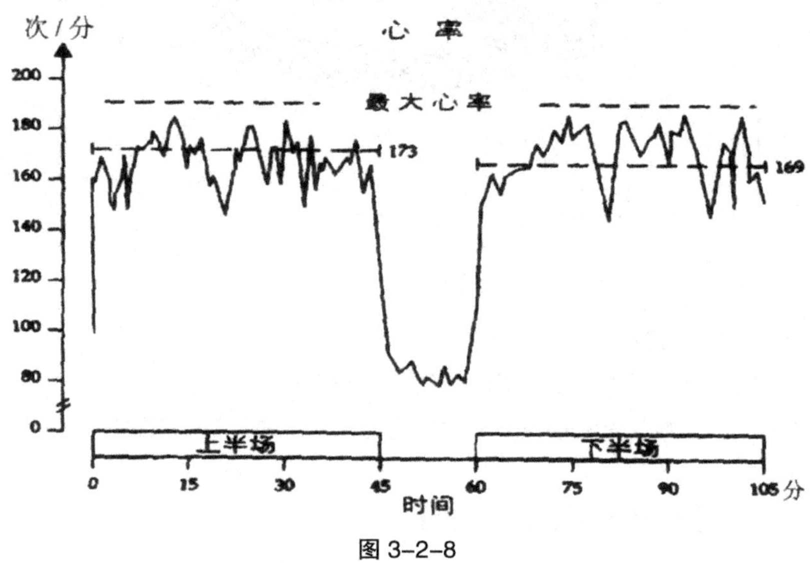

图3–2–8

由此可见，足球运动对运动员的心肺功能和氧运输系统的能力具有很高的要求。在足球运动中，血乳酸浓度通常被作为反映无氧能量代谢能力的指标。如图3–2–9显示的是一名球员在比赛前、中、后的血乳酸浓度值，其范围在3 ~ 10毫摩尔/升之间。

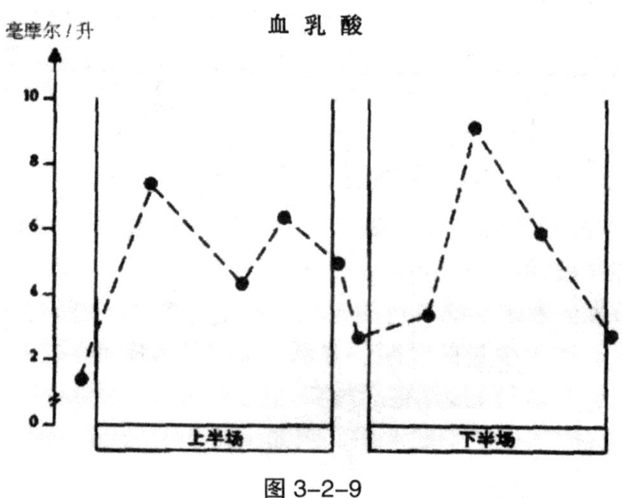

图3–2–9

此外，班斯博还对一支丹麦顶级球队进行研究，在一场非正式比赛中，每一名球员在取血测试前，均被进行了 5 分钟的拍摄，结果显示血乳酸值有很大的不同，同时发现，血乳酸浓度与运动方式有很高的相关性（图 3-2-10 和图 3-2-11）。

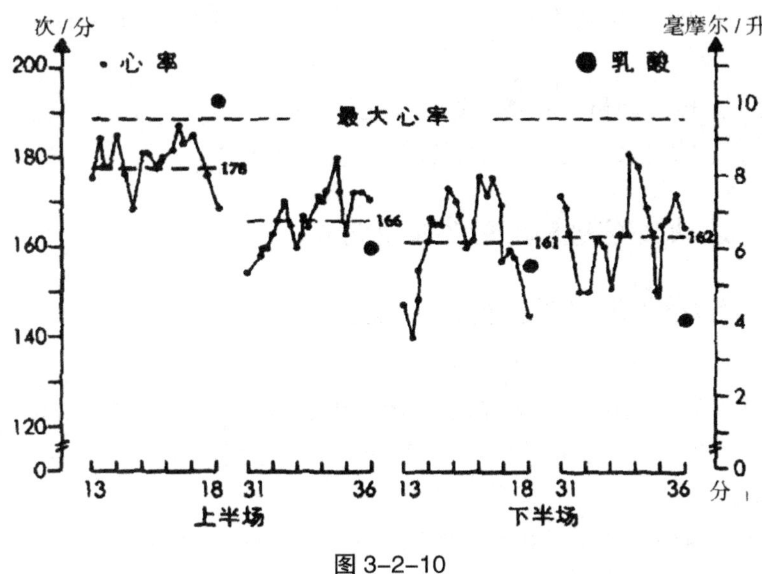

图 3-2-10

其中，图 3-2-10 显示非正式比赛中球员的血乳酸浓度和心率。表明采血心率越高，则血乳酸浓度就越高。图 3-2-11 显示比赛中测得的血乳酸浓度与高强度持续跑之间的时间关系。

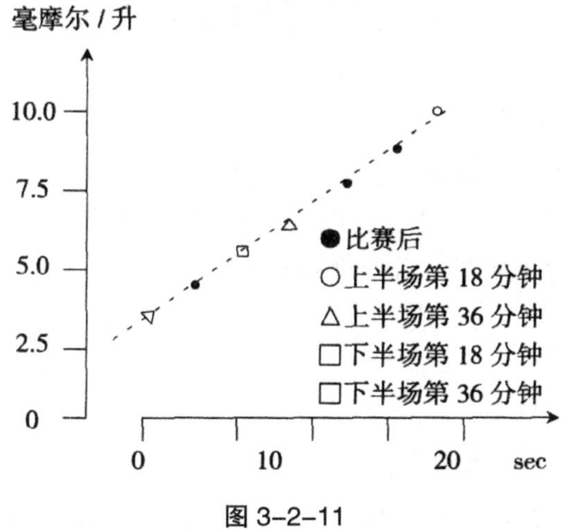

图 3-2-11

此外，在一场比赛中，某些阶段可以看到球员产生高的血乳酸浓度，这反映无氧特征，也体现了乳酸供能体系的重要性。

由此可见，根据跑动距离和类型，进行人体供能系统分析，结果表明以下特点。

（1）足球以有氧代谢为主，运动时间长，运动能力以无氧代谢来体现。

（2）足球运动员要具备良好的速度、耐力。

（3）足球要求运动员具备综合供能系统的能力。

三、运动员的能量代谢过程及训练

（一）磷酸原供能过程及训练方法

1. 供能过程

肌肉活动的直接能量来源是三磷酸腺苷（ATP）。人体生理活动所需要的能量，基本上由 ATP 供给，ATP 的来源，最终源于糖、脂肪、蛋白质的氧化分解。

ATP 在酶的催化下，迅速分解为二磷酸腺苷，一旦被分解，ATP 便迅速补充。并由肌肉中的另一高能磷酸化合物 CP（磷酸肌酸）完成。CP 释出能量用以将 ADP 再合成为 ATP（图 3–2–12）。

$$\text{ATP} \xrightarrow{\text{ATP 酶}} \text{ADP+ 肌酸 + 能量（作功）}$$

$$\text{ADP+CP} \xrightleftharpoons{\text{CK（肌酸激酶）}} \text{ATP+C（肌酸）}$$

图 3–2–12

2. 合成 ATP 的途径

肌肉依靠 ATP 分解供能，为维持 ATP 水平，在肌酸激酶的作用下，CP（磷酸肌酸）合成 ATP。由于 ATP、CP 在肌肉中的存储量很少，因此磷酸原系统作为极量运动的能源，虽然维持时间仅为几秒，但却不可替代。

3. 训练方法

（1）原则

①运动强度：最大。

②运动时间：5 ～ 8 秒以内。

③休息间歇：组内一般 10—90 秒之间；组间一般 6 分钟以上。

（2）训练方法

①不同距离冲刺跑

不同距离冲刺跑（图 3–2–13）主要指运动员对于不同距离的多组数全力冲刺跑，组内间歇根据距离确定，一般距离越短间歇越短，具体的休息间歇可以通过测试血乳酸值进行调节。组间间歇同样可以通过血乳酸值来确定休息时间。

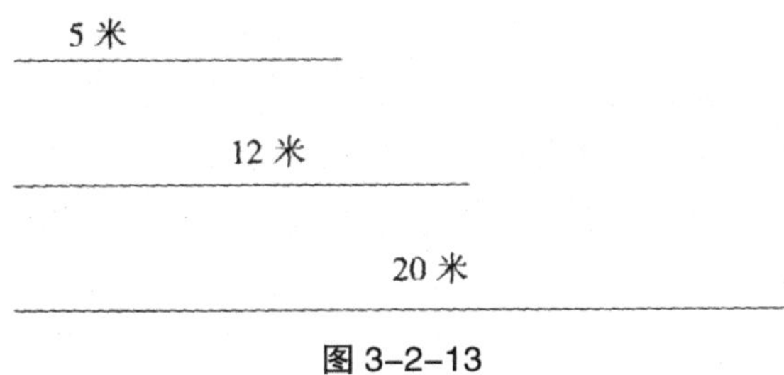

图 3–2–13

②变向冲刺跑练习

运动员做好准备活动后，就可以进行变向冲刺跑练习（图 3–2–14），在起点处准备，听到发令后全力冲刺，这样可以训练运动员捕获进攻位置和机会的能力。

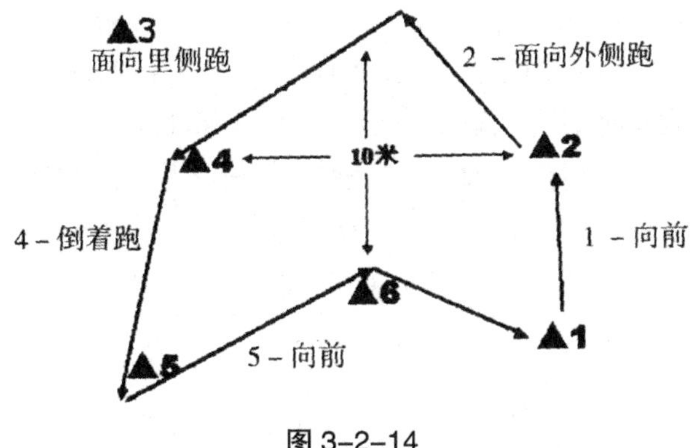

图 3–2–14

4. 提高训练

在循环训练中，过短的休息间歇会引起内环境 pH 值下降，减弱磷酸原供能训练效果。因此，要认真处理好休息间歇，进行提高训练，防止运动损伤。

5. 间歇休息

在训练过程中，要通过确定跑动距离，固定运动强度，选择不同的休息间歇，此外，还可以通过测定血乳酸值，来评价休息间歇的合理性，从而更好地而进行训练。

（二）糖酵解供能过程及训练方法

1. 供能过程

这一过程是在无氧条件下，运动中骨骼肌糖原或葡萄糖酵解，生成乳酸并释放能量供肌肉利用的能源系统。该系统生成数量不多，但具有特殊性。

2. 训练方法

（1）原则

①运动强度：次最大，80% ~ 90%。

②运动时间：30 秒—2 分钟。

③休息间歇：组内一般 2—5 分钟；组间一般长于组内时间，以利于恢复。

（2）训练方法

① 300 米折返跑训练。

运动员做好指标活动，教练员发令计时，运动员从起点开始到 25 米标志折返跑回起点标志，跑 6 个来回，计时。

② 5 × 25 米折返跑。

③ 5 × 50 米折返跑。

要根据队员的糖酵解能力，选择训练方法，合理安排每组次数和休息间歇，从而达到发展足球运动员专项间歇糖酵解能力。

④ 4 秒运动—4 秒休息训练法、6 秒运动—6 秒休息训练法（图 3–2–15）。

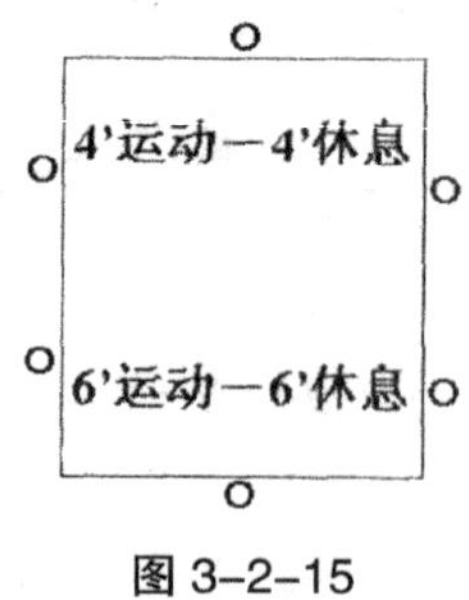

图 3–2–15

4. 提高训练

提高糖酵解供能训练效果的关键，是在训练过程中，处理好休息间歇的把握，如果休息间歇把握不好，肌乳酸会大大堆积，血乳酸升高幅度不大，而过短的休息间歇，则会引起 pH 下降，削弱运动员糖酵解供能训练的效果。

（三）有氧代谢过程及训练方法

1. 供能过程

氧气通过呼吸器官进入肺，并与肺循环毛细血管血液之间进行交换，当血液流经组织细胞时，肌组织从血液中摄取氧，并分解能源物质，产生能量供运动肌运动。

可见，有氧代谢供能能力与氧运输系统密切相关，与肌肉组织利用氧的能力也有密切关系。因此，在足球运动员进行有氧代谢能力训练时，主要是发展中枢循环的供血能力和提高氧利用能力。

2. 训练方法

（1）原则

①运动强度：60% ~ 80%。

②运动时间：每次：>20 分钟；每周：>3 次；每年：6 ~ 20 周。

③休息间歇：运用间歇训练法进行训练时，心率恢复到 120 次 / 分时，才可进行下一次训练。

表 3-2-4 所示的是目前国外推崇的几种有氧代谢能力训练的处方，供参考。

表 3-2-4　国外推崇的几种有氧代谢能力训练的处方

提出人	强度	持续时间 /（分钟）	频度，（次数）	训练时间
Rcskmm	Vigorous exercise	20 ~ 30	5	
Shephard	96% Hrmax	20 ~ 30	5	
Cooper	60% 90Hrmax	15 ~ 60	3 ~ 5	
American 等人	50% ~ 85%Vo_2max	15 ~ 60	3 ~ 5	
Poollock	60% ~ 90% Vo_2max	15 ~ 60		
Strauzenberg	60% ~ 80% Vo_2max		5 ~ 7	
Wenger 和 bell	90% ~ 100%% $V_2$2max	35 ~ 45	4	10 ~ 11

（2）训练方法

有氧代谢能力的改善依赖于两种训练方式，其一是持续训练法，其二是间歇训练法，两种都是有氧能力训练基本方法。此外，间歇训练法根据间歇时间不同，又分为高强性间歇训练法、强化性间歇训练法和发展性间歇训练法三种。同时，在足球运动训练中，也常采用多种形式的结合球的循环训练法，以发展足球运动员的专项有氧能力。

①3000米、5000米强度跑（乳酸阈）。

②12分钟跑。

③越野跑。

④Yo—Yo跑。

⑤间歇性有氧训练。

⑥结合球的循环训练法。

⑦特殊的足球有氧训练（图3-2-16）

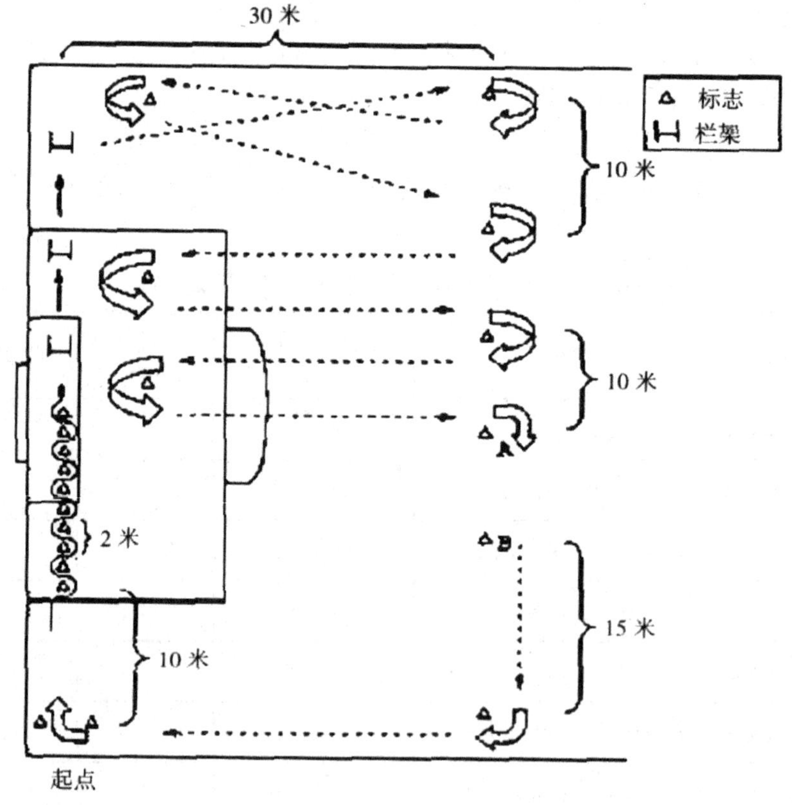

图3-2-16

3. 训练强度监控

有氧供能能力训练强度的监控，有以下几种方法。

（1）用最大摄氧量百分比强度（% Vo_2max）监测。

（2）采用目标心率监测有氧能力。

①推测最大心率。

②推测心率储备。

③建立所需的强度值。

此外，专项有氧训练是以有球为主的专门技、战术训练。目前常用的有多组、间歇、一对一盯抢、二对二、三对三、四对四、五对五小场地攻防。

由于场上训练内容和速度的变化，这类练习需佩带遥测心率表进行，要想达到最大有氧能力训练效果，要随时记录个体运动中的最大心率，监测时可以选取个体最大运动心率的 85%。

此外，为保证训练效果，以有氧训练为目的，应适当延长间歇时间。如果恢复期间，心率降不到应有的水平，大量乳酸就会开始堆积，无氧代谢开始供能，机体出现疲劳。

（3）乳酸阈来控制负荷强度的方法

采用递增负荷测试，每递增一次负荷测试一次血乳酸，以跑速与血乳酸浓度作曲线。

①测试中乳酸阈拐点的变化与运动能力密切相关，距离越长出现越晚，但乳酸阈拐点先出现，心率拐点后出现（图 3–2–17）。

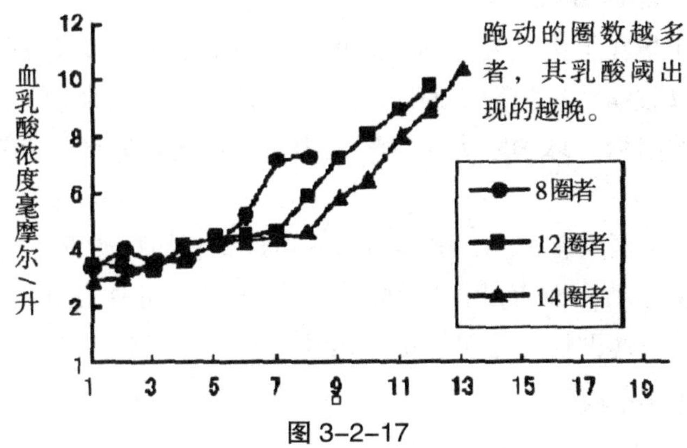

图 3–2–17

②拐点心率与距离高度密切相关，随运动强度的递增，距离最短者心率拐点偏左、中长者居中、而最长者偏右（图 3–2–18）。

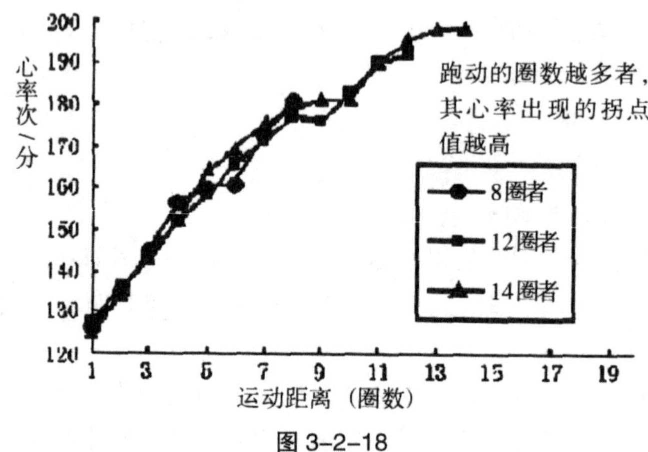

图 3-2-18

③比较乳酸阈速度和心率拐点速度可知，乳酸阈时的跑速低于心率拐点跑速一个等级。

第三节 大学生足球运动力量与速度素质训练

一、力量素质及其训练

（一）概念及分类

力量素质指在工作时人体神经肌肉系统克服和对抗阻力的能力，在工作时，肌肉以收缩产生拉力克服阻力。对于足球运动员来说，克服阻力包括对手施加的阻力、球的阻力、空气的阻力、肌肉的粘滞性和肌肉间对抗力等。

此外，力量素质有很多种分类方法，可以根据肌肉收缩进行不同分类，有静力性力量和动力性力量。其中，动力性力量又可分为重力性力量和速度性力量，其中速度性力量对于足球运动员来说是很重要的。

（二）影响因素

1. 肌肉横断面

这主要是指一块肌肉中所有肌纤维横断面积之和。横断面越大，肌肉力量就越大。因为这主要与肌纤维增粗有关，其中肌凝蛋白含量增加，就会产生较大的平行拉力。

2. 肌纤维类型

按收缩特性的不同，肌纤维可分为快肌纤维和慢肌纤维两种。快肌纤维收缩速度快，张力大，慢肌纤维则反之。可见，运动员肌肉快肌纤维含量大，力量也就大。

3. 肌肉代谢能力

肌糖元存在于肌肉中的多糖里，是收缩时的能源物质。其多少与肌肉力量有关。肌糖元量越多，收缩力量就越大。因此，在训练和比赛中，常采用糖元填充法提高肌肉收缩能力。

4. 肌肉的初长度

肌肉的初长度是指肌肉在收缩前的长度。实验表明，肌肉的初长度决定了力量的大小。初长度越长，收缩张力就越大。同时，由于肌纤蛋白和肌凝蛋白的重叠程度不同，所以，重叠越大，力量就越大。

5. 肌肉间协调程度

对于不同动作的完成，主动肌、对抗肌、协作肌和助动肌等肌群，一定是相互作用的，支配肌群活动的运动中枢，在这时都是处于兴奋状态，同时支配某肌肉群活动运动中枢处于抑制状态，只有这样，才能够使各肌肉群协调配合，提高效率。

6. 骨杠杆的机械效率

在训练和比赛中，足球运动员为了表现良好，常被实施各种力量，如利用骨杠杆的机械效率，调整肌肉的牵引角度，改变杠杆阻力臂与力臂的相对长度，以上这些，都能够提高力量。

（三）训练原则

1. 速度性力量

（1）运动强度：75%—90%。

（2）练习时间：5—10 秒。

（3）间歇时间：以完全恢复为宜。

（4）练习次数：4—6 次。

（5）练习组数：3—4 组。

2. 力量耐力

（1）运动强度：60%—70%。

（2）练习时间：15—45 秒。

（3）间歇时间：一般心率要恢复到120次/分左右（45—90秒）。

（4）练习次数：20—30次。

（5）练习组数：3—5组。

（四）训练方法

1. 动力性收缩训练

（1）动力性向心克制

在做动力性向心克制时，肌肉长度逐渐缩短，张力随关节角度变化而改变，应根据专项运动的需要，掌握关节角度，提高训练效果。

（2）动力性离心退让性工作

肌肉离心收缩时，张力比肌肉大40%，人们利用离心收缩原理创造"退让训练法"，在紧张状态中逐渐被拉长，向分离方向移动，故又称离心工作。

2. 静力性收缩训练

所谓的静力性等长收缩训练就是在相对固定的姿态下，肢体的环节与肌肉保持相对稳定的状态下，全面改变张力，进而克服阻力的方法。

在运动员做静力性收缩的时候，会有更多的肌纤维参与到运动中来，这样在一定程度上就会增加肌肉的力量，较好地节省了训练的时间。但是血管比较封闭，肌肉的紧张程度也会比较强，血液循环速度变得较慢，甚至会出现暂时中断的情况，肌肉工作的时间不能够得到有效保障。在运动员进行体力恢复的时候，一般会采用静力性力量训练，这样就能够更好地促进机体能力的全面恢复，快速增加膝关节的力量。

3. 超等长收缩训练

超等长练习时先使肌肉做离心收缩，然后接着做向心收缩。利用肌肉的弹性，通过牵张反射，加大肌肉收缩的力量。

超等长收缩的优点在于，在做离心收缩工作时，肌肉被迅速拉长，由于牵张突然而短促，所以肌肉同步受刺激，产生兴奋高度同步，强大而集中，使肌肉短促有力的收缩。

（五）训练手段

目前，对于足球运动员的力量训练手段，主要有以下几种。

（1）负重抗阻练习：运用哑铃等训练器械进行练习，主要用于机体肌肉力量训练。

（2）对抗性练习：通过拉、撞等双方的相互对抗，来发展力量素质，符合足球要求。

（3）克服弹性物体的练习：使用橡皮带等弹性体，通过变形产生阻力训练力量。

（4）利用器材设备进行训练：利用力量训练器械进行力量练习，减轻生理负荷，避免伤害事故。

（5）克服外部阻力的训练：利用外部环境的阻力发展提高运动量，增加力量训练。

（6）克服自身体重的练习：由四肢远端支撑完成，局部受重，训练机体力量。

二、速度素质及其训练

（一）概念及分类

速度素质是指人体快速完成动作的能力，换句话说，也就是人体快速运动的能力以及对外界信号刺激快速反应的能力。在足球运动中，也指快速位移的能力。

速度素质的分类，包括以下三种。

1. 反应速度

主要是指人体对各种信号刺激的快速应答能力。在足球运动中，代表在场上运动员对各种刺激所作反应的快慢。如运球突破、传切配合、防守抢球、补位等。

因此，对于运动员来说，在足球场上．必须针对每一个新的变化及时准确做出反应，处于主动地位。

2. 动作速度

主要是指人体快速完成某动作的能力。对于足球运动来说，在运球、传球、射门单个技术动作方面，速度加快是特征之一，表现在完成时间短，运球—传球、接球—运球—射门等多元组合动作时间也短了，使对手防不胜防。

此外，要注意，在比赛中运动员速度要根据比赛情境的不同，随时变换速度，使之符合足球比赛的要求。

3. 移动速度

主要是指人体在特定方向上位移的速度。对于足球运动员而言，移动速度是非常重要的。

（二）影响因素

1. 中枢神经

中枢神经系统与速度关系密切，在足球运动中，良好的兴奋状态及灵活性非常重要，当足球运动员处于良好的赛前状态时，它能够加速机体对刺激的反应，使效应器由相对安静迅速转入活动状态。中枢神经系统的状态良好，能够使各中枢更加协调，因此，在足球运动中，对动作速度起到重要作用。

2. 条件反射巩固程度

研究发现，在足球运动中，随着运动技能的日益熟练，反应速度加快。因此，在运动中，运动技能越熟练，动作速度也越快。

3. 肌纤维与肌肉力量

肌肉中快肌纤维占优势是重要基础。快肌纤维百分比越高越粗，肌肉收缩速度越快，运动员动作速度和移动速度就越快。

同时，肌肉力量越大，越能克服肌肉内部及外部阻力，肌肉力量越大，动作速度和移动速度也越快。

4. 肌肉组织机能状态

肌肉组织兴奋性高时，刺激强度低、作用时间短，肌组织越兴奋，因此动作速度和移动速度越快。

（三）训练原则

（1）运动强度：95%—100%。

（2）练习时间：3—5 秒（5 ~ 40 米）为宜。

（3）间歇时间：完全恢复时，再练习。

（4）练习次数：6—8 次。

（5）练习组数：3—5 组。

（四）训练方法

1. 训练反应速度

在足球运动中，训练反应速度，主要有以下几种方法。

（1）运动感觉法大致分为三个阶段，第一个阶段时运动员要以最快的速度进行身体上的反应，第二个阶段就是运动员自己所预想的应答反应时间，然后与教练员用预估的时间与实际用时进行对比，全面提高对于时间的判断能力，使速度得到进一步提高。

（2）信号刺激法就是利用突然产生的信号，刺激运动员的反应速度，从平时的训练过程中来进一步提高运动员的反应速度。

（3）移动目标法：训练运动员迅速应答能力，判断目标移动方位及速度，选择行动方案。随着训练水平的提高，提高目标移动速度、缩短距离是训练重点。

2. 训练动作速度

在足球运功中，训练动作速度主要有以下几种方法。

（1）借助信号刺激：利用同步声音等方法，使运动员伴随信号节奏做出协调一致的快速动作。

（2）缩小时空界限：可以利用小场地练习，通过小场地传接球练习，限制活动时间及范围，提高运动员速度。

（3）借助外界减小阻力：根据环境情况，采用不同动作，提高速度能力。

（4）专门法练习：如快速小步跑、高抬腿跑、滑步等。

（5）利用外界助力：如快速上、下跑台阶等。

3. 训练移动速度

在足球运动中，训练移动速度主要由以下几种方法。

（1）5 ~ 30 米原地不同姿势起跑。

（2）带球速度练习。

（3）游戏速度练习方式。

（4）竞赛性速度练习。

（5）计时性测验跑。

第四节　大学生足球运动耐力与柔韧素质训练

一、耐力素质及其训练

（一）概念及分类

耐力素质是有机体坚持长时间运动的能力。在足球比赛中，比赛时间规定为 90 分钟，有时还有 30 分钟的加时赛，所以，足球运动员要在比赛中保持运动强度，要有良好的耐力素质，具备在疲劳中斗争的能力。

按照人体生理系统来分，耐力素质可以分为肌肉耐力和心血管耐力。其中，心血管耐力又分为有氧耐力和无氧耐力。有氧耐力是指在氧气供应下，能长时间坚持工作。无氧耐力是指机体以无氧代谢为主要供能形式，坚持较长时间工作的能力。

（二）影响因素

1. 有氧耐力

在足球运动中，影响有氧耐力的因素主要有以下几种。

（1）心肺功能：这是有氧耐力素质的重要基础，良好的心肺功能是运动中供氧充足的保证。

（2）肌纤维：肌纤维类型及其代谢特点，是有氧耐力的重要因素，肌红蛋白、线粒体及其氧化酶活动、毛细血管数量等都是重要因素。

（3）中枢神经系统：各中枢间的协调性，很大程度上影响有氧耐力，各肌肉群之间协调一致，能提高肌肉活动效率。

（4）能量供应特点：肌肉有氧氧化过程以及脂肪供能能力，都影响有氧耐力。

2. 无氧耐力

在足球运动中，影响无氧耐力的因素主要有以下几种。

（1）肌肉内无氧糖酵解供能能力。

（2）缓冲乳酸的能力。

（3）脑细胞对酸的耐受力。

（三）训练原则

1. 有氧耐力的原则

有氧耐力训练可分为持续训练和轻强度间歇训练，对于持续训练来说，一般运动强度，保持在 40%—60%，练习时间达 25 分钟以上，通常无间歇，练习距离为 5000—10000 米。

对于轻强度间歇训练来说，运动强度要达到心率为 150 次 / 分为宜，练习时间在 30—40 秒。间歇时间一般在脉搏恢复到 120 次 / 分就可以，练习次数大约在 8—40 次，练习组数大约 1 组。

2. 无氧耐力的原则

无氧耐力一般采用大强度间歇训练，运动强度达到心率为 180—200

次／分，练习时间约为 20—120 秒，间歇时间一般要到脉搏恢复到 120 次／分左右。练习次数为 12—40 次，练习组数 1—2 组。

（四）训练方法

1. 持续训练法

持续训练法指无间断连续进行练习，主要用于发展一般耐力素质，在足球训练中，可提高有氧代谢供能能力，提高运动员的耐力素质。

2. 间歇训练法

间歇训练法是指对间歇时间做出严格规定，从而反复进行练习的方法。进而提高运动员心脏功能，有效提高有氧或无氧代谢供能能力，提高机体抗乳酸能力。

3. 循环训练法

循环训练法是按照既定顺序和路线，依次完成练习任务，从而进行循环持续低强度或循环间歇大强度练习。

（五）训练手段

1. 有氧手段

有氧耐力的训练手段一般包括匀速持续跑、越野跑、变速跑、法特莱克跑、间歇跑、有球练习几种。通过不同的方式，进而提高足球运动员的耐力。

2. 无氧手段

无氧耐力的训练手段一般包括变速跑、多组追逐跑、定时定距离跑、法特莱克跑、有球练习等几种。通过不同的方式，进而提高足球运动员的耐力。

二、柔韧素质及其训练

（一）概念及分类

柔韧素质是指人体关节在不同方向上的运动能力以及肌肉、韧带等软组织的伸展能力。分为一般柔韧素质和专门柔韧素质。其中，一般柔韧素质是指机体中如肩、膝、髋等关节活动的幅度。专门柔韧素质是指专项运动所需要的特殊柔韧性。

（二）影响因素

对柔韧性的影响因素，主要有关节活动幅度的大小以及髋关节的韧带、肌腱、肌肉和皮肤的伸展性等有关。在足球运动中，通过准备活动，肌肉温度升高，粘滞性下降，伸展性加大，柔韧性的提高。

此外，神经系统对骨骼肌的调节能力也很重要，尤其是主动肌与对抗肌之间协调关系的改善，可以减少阻力，增大运动幅度，提高运动员的柔韧性。

（三）训练原则、方法及手段

1. 训练原则

柔韧性的训练一般保持运动强度在开始时以中等强度为宜，最后可达80%以上。练习时间不宜太长，每次控制在 10 ~ 20 秒，间歇时间以完全恢复为宜，练习次数 5 ~ 10 次，练习组数 3 ~ 5 组为宜。

2. 训练方法

训练方法一般可采用动力性拉伸法，有节奏地、多次重复练习，使软组织逐渐地被拉长。此外，还可以用静力性拉伸法，先通过动力性拉伸，将肌肉拉长，然后暂时静止不动。在训练的时候，可以动静结合。

3. 训练手段

训练手段可以采用单人或双人关节伸展练习，也可以采用拉长肌肉、韧带、肌腱等结缔组织，还可以选用模仿和结合球的练习。

第五节　大学生足球运动灵敏与平衡素质训练

一、灵敏素质及其训练

（一）定义及分类

灵敏素质是指在各种突然变换的条件下，运动员能够迅速、准确、协调地改变身体空间位置和运动方向，通常可分为一般灵敏素质和专门灵敏素质两类。一般灵敏素质主要表现为适应性变化能力，专门灵敏素质主要与专项技术密切相关。

（二）影响因素

主要影响因素主要包括三大内容，其一是大脑皮层神经过程的灵活性及其分析综合能力，它们是灵敏素质的重要生理基础。能够帮助运动员，根据情况及时调整和修正动作。其二是各感觉器官的机能状态，也就是在完成动作的过程中，要能够做到动作准确，变换迅速，使各器官具有极其高度的敏感性。其三是要掌握的运动技能，掌握的运动技能越多，灵敏素质才越充分，在环境条件改变时，才能做出迅速和准确的反应，做出更加协调的反应。

此外，灵敏素质还受年龄、性别、体重和疲劳等因素的影响，因此，在训练时要综合考虑。

（三）训练原则及手段

1. 训练原则

通常运动强度保持在中等偏上，练习时间约为 5—10 秒，间歇时间以完全恢复为准，练习次数要达到 5—10 次，练习组数大约为 3—5 组为最好，采用这样的原则，能够更好地帮助训练。

2. 训练手段

训练手段可以采用追逐游戏、专门设计的各种复杂多变的练习，如立卧撑、变向跑、钻爬各种障碍物、钻爬比赛、结合球的练习等多种多样的形式。

二、平衡素质及其训练

（一）概念及分类

平衡素质是指稳定姿势的能力。在足球比赛中，在对抗的情况下完成动作需要平衡能力，这对于足球一类的高速运动，是非常重要的能力。平衡素质可分为静态平衡和动态平衡。静态平衡是指在相对静止的状态下，保持姿势稳定的能力。动态平衡是在运动中维持平衡的能力。

（二）影响因素及训练手段

对于平衡能力来说，影响因素主要包括遗传因素、年龄因素、性别因素、前庭器官因素、视觉因素等，在足球运动中，这些因素共同发挥作用，对于运动员的平衡能力起到重要的作用。

因此，在训练的过程中，可以采用单足站立徒手练习、单足站立有球练习、双人徒手练习、双人有球练习、结合比赛等多种多样的练习，来提高平衡能力。

第六节 大学生足球运动的整理活动

一、概念及目的

整理活动是在运动之后，做一些加速机体功能恢复的练习，又称为“放松练习”。整理活动，能够消除疲劳，对于运动员来说，是一种最廉价、最有效的恢复手段。能够提高运动员的肌肉质量，提高爆发力、防止肌肉劳损、延长运动寿命。

二、动作方法

通常来说，整理活动一般包括以下内容：如慢跑或游戏，肌肉放松练习及肌肉的牵拉练习等。首先，慢跑或游戏是运动后的积极性休息，一种是静止休息，一种是活动性休息，能够尽快消除疲劳，使肌肉保持较好的伸展性和弹性，有利于肌肉的放松，维持心血管系统、呼吸系统，排除乳酸。

其次，牵拉肌肉可以使肌肉及时得到放松，有效预防延迟性酸痛，加强骨骼肌蛋白质的合成过程，消除骨骼肌疲劳，防止肌肉退化，保持肌肉功能、预防劳损。

通常，进行牵拉练习时，要注意以下事项。

（1）注意区别肌肉酸痛和拉伤，采取积极的治疗措施。

（2）根据条件，设计动作，使肌肉受到最大幅度的伸展。

（3）牵拉练习时，必须在身体微微发热的基础上进行。

（4）牵拉练习要以静力为主，伸展幅度要适当，不可在身体承受幅度之外。

（5）时间不要过长，力度要适宜。

（6）练习的时间、组数、次数，要根据运动员能承受的负荷而定。

第四章　足球运动员的营养保健和医疗

足球运动作为一项非常剧烈的运动项目，在运动过程中难免会受伤，那么如何减少、减小运动中的伤害，或者，如果运动员受到伤害又该采取怎样的措施进行急求，将是本章的重要内容。

本章将从五个方面进行阐述，分别是运动性疲劳与恢复、运动员的营养补充、运动员的膳食营养、运动员的运动性疾病、运动员的运动损伤。这一章阐述的内容对足球的业余爱好者、职业的足球运动员以及在提高足球运动员的成绩方面都有很大帮助。

第一节　运动性疲劳与恢复

一、疲劳与过度的影响

这里主要阐述了疲劳的概念、疲劳的分类方法以及疲劳产生的机制三个内容，可以使我们对疲劳有充分的了解。

（一）疲劳的定义

运动性疲劳的定义在以往是很不唯一的，而概念上的不统一会导致实际工作中的很多不便。

在 5 届国际运动生化会议上，这样定义运动性疲劳：机体不能将它的机能保持在某一特定水平，或者不能维持某一预定的运动强度。运动性疲劳的特点可以总结为以下两点（图 4-1-1）。

运动性疲劳的特点

疲劳时体内组织和器官的机能水平和运动能力结合起来评定疲劳的发生和疲劳程度。

有助于选择客观指标评定疲劳，疲劳的生理学定义是运动员无法维持功能输出而降低运动能力。有经验的运动员应该能够借助他们对疲劳的感受性在允许的范围内进行自我调整，但并不能摆脱这一限制。疲劳本身也是一种保护性措施，它可以防止代谢的戏剧性变化，从而阻止对肌肉及有关组织的损伤，尤其是对脑组织的保护。运动员能否连续完成一个周期的大负荷训练，其关键在于每一节课所产生的疲劳在下一节训练课前及时消除，如果前一课的疲劳没有消除又继续大强度训练，就会出现疲劳的积累而发展成过度训练。

图 4-1-1

（二）疲劳的分类方法

按照不同的分类方式，疲劳有不同的分法。但是，工作和生活中，疲劳大体上有三种分类方法（图 4-1-2）。

疲劳的分类方法

按照身体整体和局部划分。可分为整体(全身)疲劳和局部(器官)疲劳。整体疲劳是指由于全身运动使全身各器官机能下降而导致的疲劳。激烈的足球比赛可造成全身身体机能下降；局部疲劳是指以身体某一局部进行运动使该局部器官机能下降而导致的疲劳，如局部力量练习而导致局部肌肉疲劳。

按照疲劳发生的部位划分。可分为脑力疲劳和体力疲劳。脑力疲劳是指由于运动刺激使大脑皮层细胞工作能力下降，大脑皮层出现广泛性抑制而产生的疲劳；体力疲劳是指由于从事身体训练使身体动作能力下降而产生的疲劳。

按照运动方式划分。可分为快速疲劳和耐力疲劳。快速疲劳是指由于短时间、剧烈运动引起的身体机能下降；耐力疲劳是指由于小强度、长时间运动引起的身体机能下降。

图 4-1-2

（三）疲劳产生机制

虽然对疲劳的研究已经有 100 多年的历史，但是，到目前为止，还没有得出引起疲劳的根本原因。所以，对其原因的认识只处于初级阶段。目前，有以下几种产生机制（图 4–1–3）。

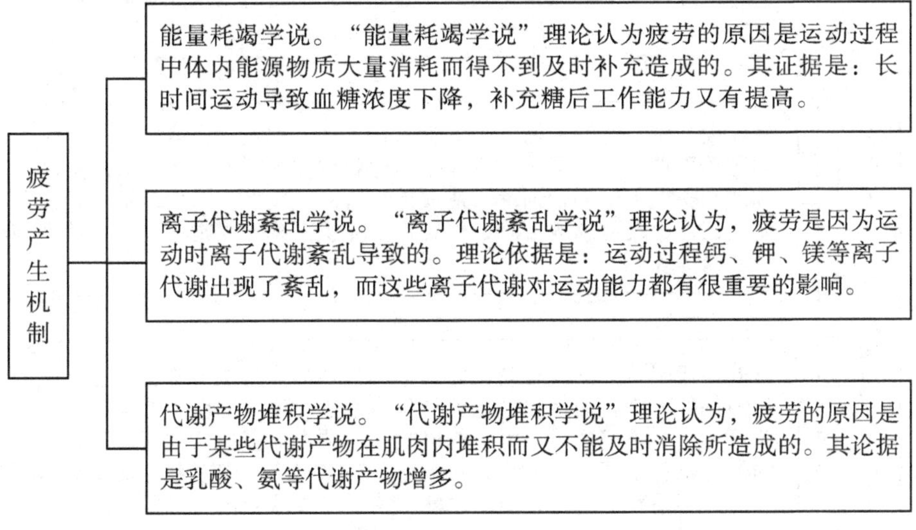

图 4–1–3

二、过度训练及其对机体的影响

过度训练是指运动中的训练与恢复、运动与运动能力、应激与应激耐受性之间的不平衡。目前，过度训练大致分为两种类型（图 4–1–4）。

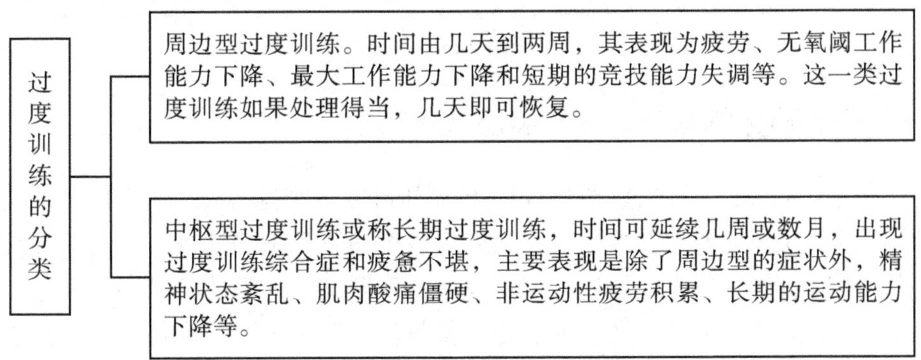

图 4–1–4

我国运动医学界根据疲劳的不同症状，并且经过了多年的实践总结，将疲劳和过度训练产生的机体代谢和生化变化归结为以下四类（图 4–1–5）。

过度训练产生的机体代谢和生化变化

血液系统的失衡。运动员在系统训练或比赛中，当身体处于疲劳或过度训练早期时，在血液系统中贫血最为常见。随着过度疲劳的发展，可降至运动员或正常人的贫血标准，而且可以从导致运动能力下降的运动性贫血发展至病理性贫血。

神经内分泌系统的失衡。生理学认为，适宜的运动量或一次性短时间运动不抑制下丘脑——垂体——性腺轴功能，而一次大运动量训练课和长期大运动量训练可造成下丘脑——垂体——性腺轴功能抑制，往往出现血睾酮下降，伴有竞争意识下降、兴奋性差、后体力恢复慢等表现。

营养素代谢的失衡。运动员体力活动消耗的能量主要取决于运动能量消耗的大小，而运动能量消耗量决定于强度、密度、持续时间、队员体重、外部环境等因素的影响。身体存储蛋白质和碳水化合物的能力是有限的。一方面，摄取的总热量过多，多余部分转变为脂肪对比赛不利；另一方面，过度训练会造成营养素代谢失调。

免疫系统技能的抑制。运动员尤其是优秀运动员在大强度训练或比赛期间，一旦发生运动性疲劳和过度训练，其结果之一便是机体的免疫机能下降。许多文献表明，过度训练或精神紧张等因素有可能引起机体免疫功能抑制而使机体对病原微或所患感冒症状加重。生物易感性增高。

图 4-1-5

三、疲劳的运动医学诊断及处理方法

过度训练是训练后疲劳连续积累所引起的一种病理状态，又称过度疲劳。当大运动量训练安排不当，训练后疲劳得不到恢复又进行大负荷训练时，或运动负荷过大，超过队员机体的承受限度，而教练员又没有及时发觉并调整负荷，仍一味从事训练等，都可导致队员因连续疲劳积压而出现过度疲劳。

如果发生过度疲劳，运动员的身心健康将会受到极大影响。所以，教练员既要注意运动负荷的掌握与安排，又要对过度疲劳有所了解。这样可以做到防微杜渐，也可以让运动员尽快摆脱过度疲劳。

（一）检查疲劳和过度训练的简单方法

过度训练的方法很多，除了通过对肌肉力量、硬度以及心率的测定来检查外，还有以下几种常用的方法（图 4–1–6）。

检测疲劳和过度训练的简单方法

- 闪光频率融合。该仪器可以自制。原理是根据闪光频率融合的阈值增大情况来判断疲劳程度：如轻度疲劳约为1.0～3.9周波数／秒；中度疲劳为4.0～7.9周波数／秒；重度疲劳为8.0周波数／秒以上。
- 时间再生法。其原理是：随着疲劳的发生，时间再生能力将随之下降。测试方法：让受试者看钟表的秒针走动一分钟，受试者再由闭眼开始，每隔20秒举手发生信号，做15~20次。测试人员记录受试者每次发出信号之间的时间间隔。由此计算出平均值及标准差，按上述两个值算出动摇度(标准差／平均值)，动摇度在0.03~0.07为轻度疲劳，在0.08以上为疲劳。
- 唾液pH值的变化。其原理是：由于长时间的剧烈运动，血液中乳酸浓度增加，使唾液的pH值降低，因此，可以用测定唾液pH值的变化来判断运动时所产生的疲劳程度。测试方法：让受试者尽量把口腔唾液全部吞下去，然后使新产生的唾液沿口唇流出。用镊子将测定唾液pH值的试纸贴在舌尖上，待其充分吸湿后取出，马上与比色表对照，记下相应的pH值。
- 呼吸肌耐力测定。连续测5次肺活量，每次间隔30秒。疲劳时，肺活量一次比一次减少。

图 4–1–6

（二）疲劳的处理方法

依据疲劳的不同表现形式，采取不同的处理方法。

1. 早期征象及其处理

早期过度疲劳就是教练员在安排足球运动训练的时候，有些运动员可能会出现不愿参加运动的情况，同时还可能伴有睡眠质量下降、食欲减退以及运动能力下降，四肢无力等情况，从心理角度来讲，也有可能会出现心情莫名烦躁，易怒、孤僻等不良的心理状态。

对于这一现象的产生，教练员应该引起足够的重视，在这一时间段内，教练员应该适当调节足球运动训练的计划，改变训练的内容，适当安排一些身体消耗较小的运动，让运动员进行训练。从原则上讲，这种早期的运动疲劳表现在发展初期是能够通过一定的方法改进的，在调整好运动训练计划之后，运动员经过一点时间的适应之后就可以改变现状。

2. 后期征象及处理

如果运动员出现了以上几点不适之后，教练员不能及时对训练计划进行改进，则会出现比较严重的后果，比如运动员会出现头昏、失眠、出虚汗、运动能力严重下降等现象，同时在身体机能上也会出现一些问题，比如机体的协调能力下降，器官系统之间的配合严重失调等。在心血管病变中，运动员可能会产生心律不齐、心跳过快、肺活量下降以及最大通气量下降，还有可能会表现出胃痛、胃酸、腹泻，更有甚者会出现尿血的症状。

一旦队员出现了以上几点不适，教练员应该根据运动员出现症状的轻重程度适当对运动计划进行调整，情节严重者还可以停止训练计划，与此同时，适当告诫运动员调整生活的节奏，积极采取各种恢复的手段与措施，比如可让运动员进行游泳、按摩、桑拿等放松手段，在必要的情况下还要送医治疗。对于这种比较严重的情绪或者是生理反应，运动员一般需要两周到三周的时间才能够完全恢复，情节比较严重者还有可能需要半年到一年的时间来恢复，当运动员逐步恢复体能和最佳心理状态之后，教练员应该逐步增加训练量，使运动员们能够以最快的速度投入到训练中来。

四、抗疲劳，促恢复的药物补充

在现代足球比赛训练中，任何一个教练都会遇到大运动量训练和过度训练之间的矛盾。谁都知道没有大运动量训练就不会有好的成绩，而一旦急于求成，就会造成队员的过度训练综合征。事实上，许多运动员都有较强的自我调节能力和可塑性，并不是增加运动量就会出现过度疲劳。坚决贯彻“三从一大”原则，克服日常训练中不严格、不刻苦、不认真、不虚心的现象则是我们要解决的主要问题。

还要研究如何在大强度训练中按科学规律办事，解决好恢复这一矛盾。在长期的足球训练比赛中，科研人员、队医和教练员都积累了一定的恢复措施和办法，除了进行科学的饮食、采用合理的恢复手段外，正确选择抗疲劳，促恢复的药物补充也是一个重要方面。在强调训练作风，坚持大运动量训练的同时，如何检查和评定身体承受大强度训练的能力，促进队员身体机能的尽快恢复，控制疲劳变得十分重要。

（一）中草药在训练恢复中的作用

长时间的训练会消耗大量的蛋白质、维生素和其他微量元素。在这种情况下，仅仅依靠自身饮食获取的能量很难保持身体训练水平，所以，必须采取其他措施来获取更多的能量。目前，我国的职业队大多都喝甲鱼汤，甲鱼中含有丰富的蛋白质可以到达滋补身体的作用。但是，甲鱼汤并不是灵丹妙药，为了更好地达到强体健身的目的，常有一些队伍则自行配备中草药，这些中草药主要包括红参、麦冬、五味子、当归、淫羊藿、桂圆、鹿茸等。

（二）阿胶、贫血 1 号对血色素（血红蛋白）的补充

亚理想值是指血红蛋白低于有氧运动所需的理想数值。运动医学界普遍认为，如果运动员血红蛋白过低就会影响运动成绩。男运动员不得低于 14 克 / 100 毫升；女运动员不得低于 12 克 / 100 毫升。而为了提高身体内血红蛋白的含量，通常服用的是阿胶，价格便宜还具有良好的补血作用。除此之外，贫血 1 号有提高造血机能等作用，它主要是从人参中提炼制成的，是治疗贫血病人的一种特效药。

（三）微量元素

微量元素在人体中的含量很低，占全身体重的 1 / 10000 以下。目前确认的人体必需微量元素有 14 种，而且这些微量元素有两个重要特征。

1. 微量元素的摄入

微量元素必须从体外摄取，并排出体外，不会消失于代谢本身，过多摄入时会中毒，摄入不足时又会造成缺乏。

2. 相互作用

矿物质对于运动员的重要性在于运动过程中这些矿物质参与的各种代谢过程大大地增加了，因而运动员矿物质的营养状况对其健康和运动能力有重要影响。

五、足球训练比赛中的恢复手段和措施

国外职业俱乐部训练管理大纲中写道：训练比赛成效的 50%取决于恢复。这话听起来像是一句口号，但事实上却包含着许多哲理。在训练负荷的安排上，为什么每两次负荷训练之间，要穿插一些中小负荷训练课？为什么有的队在周赛制中以养迎赛，而不能以练迎赛呢？关键原因，在于运

动员承受大负荷或比赛后的机体恢复速度所限。可见，恢复速度直接影响训练比赛的成效！

恢复速度虽然依个人情况有所不同，但一般正常人和运动员机体的各种能量物质的自然恢复时间是非常有限的。能源物质中的磷酸肌酸（ATP—CP）、肌糖元、蛋白质、脂肪恢复时间见表 4-1-1。

表 4-1-1　能源物质完全恢复时间表

能源物质	完全恢复时间		资料来源
	最长	最短	
ATP—CP	3 分钟	2 分钟	福克斯
肌糖元	1 小时	46 分钟	亚洛比
蛋白质	48 小时	6 小时	亚洛比
脂肪	48 小时以上		

自然恢复时间并不是不可改变的，它与运动员的身体训练水平关系极大，在承受同一训练负荷中，不同身体训练水平的运动员，能源物质的恢复时间不同，这就要求我们必须提高运动员的身体机能水平，同时，还要特别注意做好训练、比赛后增加人为的营养补充和恢复疗法。这方面过去我们有许多失败的教训。在现代国际体坛强调科学化训练进程中，需要我们重视营养和恢复，并把它看作是提高成绩的重要组成部分。因此，在职业化足球改革过程中，需要向训练和比赛要效益的时候，每一名教练员都必须对此高度重视。

（一）赛前日常饮食

精神高度紧张，消化机能减弱，负荷减少，热能摄入应相对减少。多吃碳水化合物较丰富的食物，如馒头、面包、发面饼、蜂蜜、果酱、蛋糕、米饭等。增加体内碱储备食物，如水果、蔬菜。避免或少吃辛辣、盐渍、含纤维素多的粗杂粮及易产气的干豆或韭菜等食物。避免饮用含酒精饮料，酒精产生乳酸盐，使疲劳提前发生。

（二）赛后恢复

由于现代足球训练与比赛的负荷越来越大，为了使运动员始终有良好的身心状态，对机体恢复疲劳速度的要求也越来越高。

1. 积极性恢复的物理方法

（1）按摩

①保持身体活力和促进疲劳恢复，按摩也通过揉推肌肉体积，促进放松状态，而消除代谢产物。

②放松水浴后 10 ~ 15 分钟做一个有效完整的按摩，按摩应集中于排除肌肉中的代谢产物、改善循环和血管的扩张，用力适当。

③通过按摩恢复工作能力主要包括两个部分。

第一，促使完成重要工作肌肉群中的乳酸消除。

第二，消除其他肌肉群中的乳酸。80%的按摩时间应用于频繁使用的肌肉群。

④按摩时机与时间也有很大讲究。

第一次按摩在比赛或训练之后 20 分钟，如果配合桑拿和水浴，效果更好。第二次按摩在比赛后 2 小时。

桑拿浴的“热”，刺激血液渗透进入皮肤和肌肉；而水浴的“冷”，迫使血液进入皮肤深层，这将帮助消除身体代谢产物。

（2）桑拿

①消除代谢产物。

②在剧烈的训练后绝不要做，因它进一步增加脱水，电解质流失和心率加快，由此增加身体的应激。

③ 9 ~ 12 分钟桑拿（热环境）伴有冷水、冷空气中短时间的交替，重复 3 次。冷热水交替法的使用可降低运动中产生的代谢产物，排除乳酸，减少疼痛、痉挛，增加吸氧量，促进所练部位的血液循环，还可用来刺激肌肉放松，促进血管舒张，减弱紧张和增加血液循环；冷亦可用以减弱疼痛、肿胀。

（3）水疗法

①热水淋浴。

②热盆浴 15 ~ 20 分钟，四肢做温和缓慢的运动。

③水旋涡、水喷射水下按摩。

④用高压力的水蒸气水下按摩。

⑤冷、热水流交替淋浴，具有振奋的作用。

2. 积极性恢复的营养及饮食

（1）饮食时间

在激烈的比赛或大负荷训练后，身体形成一个乳酸积累，肌肉和肝糖原储备已消耗殆尽且有明显的失水状况。必须避免比赛后服用酒精，因为它会延缓恢复过程。大约在比赛一小时以后吃饭比较合适，具体原因包括以下两点。

①赛后 1 小时吃饭的吸收率，比赛后 3 或 4 小时吃饭的吸收率高 3 倍。

②糖元补充更快。

运动员应当利用前两小时更快的恢复率，否则，恢复速度将影响次日的训练课。

（2）碳水化合物

①在训练或比赛后，应以每公斤体重 1 克碳水化合物的比重即刻补充，例如身体重量 75 公斤 = 相对补充 75 克碳水化合物。

②在第 1 和第 2 小时，重复这一过程。

碳水化合物：糖、麦片、米饭、香蕉。

（3）饮料

饮料比食物甚至更重要。如果忽视饮料，将会极大地影响碳水化合物的补充。

应当在训练和比赛期间补充饮料，如果可能，最好以每 20 ~ 30 分钟的频率补充，补充饮料不能以感到口渴为准，而应有一定的时间规律，机体从胃吸收水分需要 20 分钟时间，这些饮料可补充碳水化合物、热卡和矿物质。

3. 心理恢复

（1）运动员的心理劝告。

（2）和运动员个人谈话或小组 / 全队谈话，了解问题，消除恐惧，等等。

4. 恢复与年龄

有规律的运动将不论年龄，产生积极性的生理改善。然而，年龄大的人在剧烈运动后或许需要更多的休息。年龄在 25 岁左右的人，机体会表明疲劳的迹象，且由于年龄原因恢复过程延长，然而若有良好身体素质水平，从代谢观点讲，恢复速度会提高。

刚开始参加剧烈运动的队员或许需要更多的恢复时间，这取决于他们练习的负荷，这也是为什么在训练的第一周一般负荷量和强度都较低，随着队员对训练的适应，而逐步增大负荷。一般来讲，年龄在 15 ~ 22 岁之间的队员，恢复能力最强，因为他们具有较好的机体恢复功能。

第二节　运动员的营养补充

一、运动强力营养素

营养素具有调节机体新陈代谢和生理机能的作用。根据强力营养素的作用目标，我们通常将它们分成四类（图 4-2-1）。

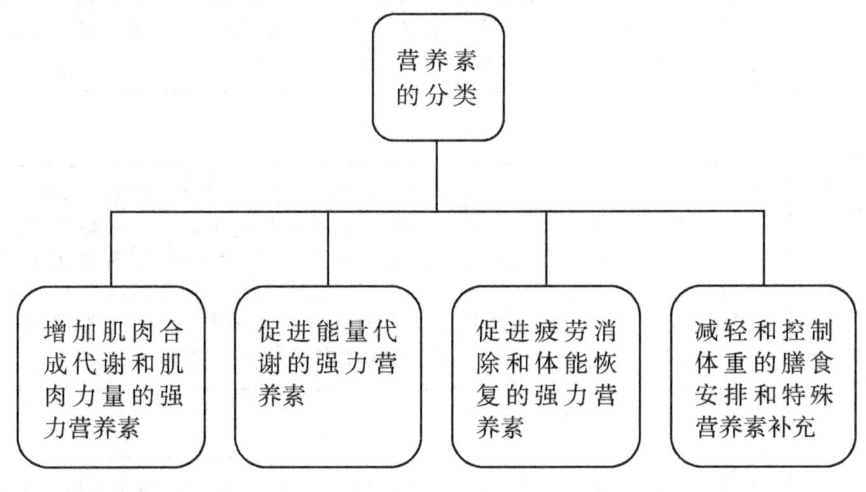

图 4-2-1

（一）增加肌肉合成代谢和肌力的强力营养素

蛋白合成的原料和最佳蛋白合成的环境是肌肉的增大和肌力增长的两个条件。

1. 蛋白的合成原料

蛋白合成的最佳原料是生物活性的优质蛋白质和氨基酸。它们主要由以下几种成分组成（图 4-2-2）。

蛋白的合成原料

乳清蛋白(Whey Protein)。乳清蛋白是在牛奶中提取的。乳清蛋白富含各种游离氨基酸及易于吸收的蛋白质，其生物价为100，是所有蛋白质中最高的。在乳清蛋白中脂肪含量很少，富含支链氨基酸、谷氨酰胺。乳清蛋白对运动能力的作用主要表现为：①提高机体免疫功能；②延缓中枢神经系统疲劳的发生和发展；③促进机体蛋白质的合成；④提高机体的抗氧化能力。目前研究结果表明，大量补充乳清蛋白对机体没有任何副作用。

大豆蛋白(Soy Protein)。在运动界流行的另一类蛋白是大豆蛋白。经过浓缩加工的大豆蛋白粉其蛋白质含量较高，有些大豆蛋白粉产品的蛋白质含量可以高达80%以上，也是一种良好的蛋白补充剂。研究表明，大豆蛋白的补充对降低血浆甘油三酯和低密度脂蛋白水平、缓解机体钙的丢失、防治骨质疏松具有积极意义，这对目前我国运动员中普遍存在摄入高脂膳食而造成的运动员血脂过高的现象具有明显的改善作用。同时对女运动员的调查表明，女运动员由于高脂高蛋白膳食易造成机体钙的摄入不足、钙丢失增加，而大豆蛋白中富含钙，对预防骨质疏松具有重要作用。

支链氨基酸(BCAA)。支链氨基酸包括亮氨酸、异亮氨酸和缬氨酸。它们都为必须氨基酸，其中以亮氨酸的实用性最高。支链氨基酸是运动员经常服用的氨基酸，支链氨基酸对运动能力的有利作用主要通过以下几个方面来实现：①可以改善中枢神经系统的兴奋性，对维持长时间持续性运动的运动能力具有积极作用；②可以促进肌肉力量的增长；③对提高机体的免疫能力具有一定的作用。

HMβ。HMβ是β—羟—β—甲基丁酸盐(β—hydroxy—β—methylbutyrate)的简称。国外就补充HMβ对运动能力的影响进行了大量研究，结果发现：①补充HMβ具有抗蛋白质分解的作用，可以有效地增加肌肉的体积，提高力量；②补充HMβ可以促进脂肪分解代谢，有利于脂肪的燃烧，增加去脂体重；③补充HMβ有利于维护细胞膜的完整性，降低大负荷强度运动时骨骼肌的受损程度；④补充HMβ对机体的作用与年龄和性别无关，不同年龄和性别的受试对象补充一定剂量的HMβ都取得了上述的效果。

图 4-2-2

2. 最佳蛋白合成的环境

促进自身睾酮、生长激素、胰岛素和相关激素的分泌，创造肌肉合成的最佳的激素环境的强力营养素包括肌酸、精氨酸、鸟氨酸、甘氨酸、铬、硼、Vc、锌、激力皂甙、中药制剂和传统的补肾中药等。这些营养品的作用主要表现在以下几个方面：①促进肌肉及血红蛋白的合成；②促进自身睾酮和生长激素的分泌；③提高有氧能力和抗缺氧能力；④调节神经系统，提高运动兴奋性⑤增强机体免疫能力。

（二）促进能量代谢的强力营养素

1. 基础营养常用的强化补品

基础营养素的强化补品有很多种，比较常见的如图 4-2-3 所示。

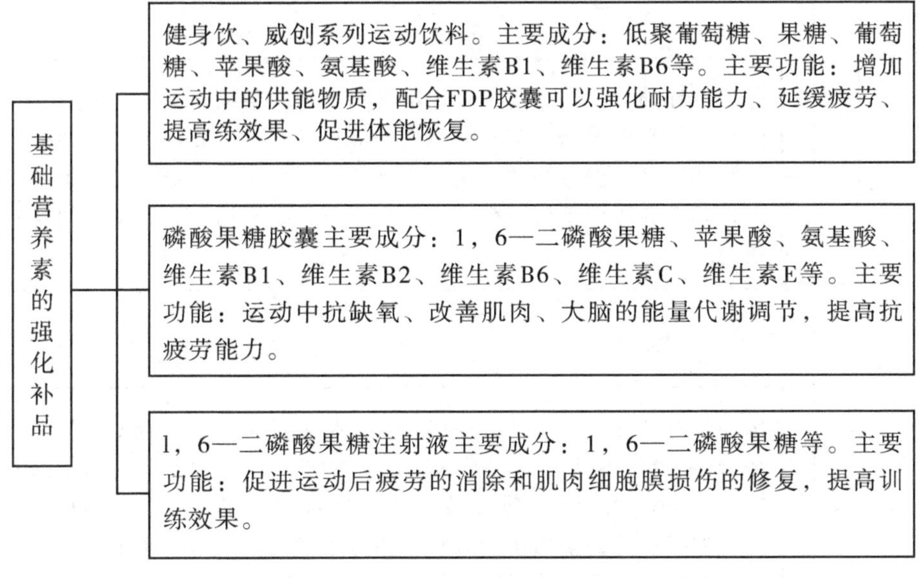

图 4-2-3

2. 糖的补充

（1）补糖的基本作用

补糖的主要作用为：①缓解运动后期中枢神经的疲劳，降低整体代谢机能的疲劳感；②维持高强度有氧运动；③降低运动引起的免疫抑制；④节省肝糖原，减少蛋白质消耗，降低血尿素水平；⑤保持良好的血糖水平，有助于维持 CP 和糖供能的速率。

（2）补糖方法

补糖包括运动前补糖、运动中补糖和运动后补糖三种情况，下面是三种补糖的方法（图 4-2-4）。

补糖方法

运动前补糖方法。运动前2～4小时吃一顿含糖丰富的膳食可显著地增加肌糖元、肝糖元的含量。对前一次运动未恢复者或前一次进餐与运动之间的间隔过长者，这一餐高糖膳食尤其重要。近几年的大多研究证明，运动前2小时内补糖虽然引起过血浆胰岛素浓度上升，但引起的代谢反应是暂时的，并无生理显著性，大多研究证明还能提高2小时以上的中等强度运动能力。早晨适量高糖快餐或饮料，可以在30～90分种内消化和吸收，这对上午参加比赛的运动员是比较适宜的选择。

运动中补糖方法。运动中宜选用含葡萄糖、果糖、低聚糖的复合糖液。补充含果糖、葡萄糖的复合液，其吸收率要比单纯葡萄糖高20%之多，但果糖的使用量不宜超过35克／升。低聚糖分子量大，其渗透压低于葡萄糖，甜度小吸收也快，适合在运动中加量使用。

运动后补糖方法。运动后补糖的作用是发挥糖原合成速度快的优势，促进糖原恢复。运动后即刻、头2小时以及每隔1～2小时连续补糖，在6小时以内补糖效果好。运动后即刻应以补充运动饮料为主，如康比特的系列运动饮料、伟特系列运动饮料、军工大分子糖冲剂。有利于运动后糖原贮备的恢复，40分钟以后以膳食为主要糖的来源，促进糖原恢复。

图 4–2–4

3. 补充体液

补充体液具有维持水平衡、电解质平衡、调节体温和保持机能等作用。如果出现脱水状况，会导致运动员血容量下降、心输出量减少、单位时间供氧减少，对训练和运动能力造成很大危害。理想的补液饮料具有促进饮用，迅速恢复和维持体液平衡、提供能量、增进运动能力的功能。如图 4–2–5 所示，是体液补充的方法。

体液补充方法

①运动前补液：运动前30～120分钟补充300～500毫升。对运动中增加排汗量，减少体温上升的幅度，延缓脱水发生有效。在特别热的天气，还应额外补液250～500毫升。

②运动中补液：少量多次。一般每小时的补液总量不超过800毫升。

③运动后补液：以摄取含糖一电解质饮料效果最佳，饮料的糖含量可为10%，补液的总量由体重恢复的情况估计，仍以少量多次为原则，不可暴饮。
运动前、运动中补液应补充运动饮料，效果较好的有伟特的系列运动饮料、康比特的威创系列运动饮料等。
运动前、运动中补液应补充运动饮料，效果较好的有伟特的系列运动饮料、康比特的威创系列运动饮料等。

图 4-2-5

（三）加速训练后疲劳的消除和体能恢复的营养强力剂

像维生素E、维生素C、胡萝卜素、番茄红素、硒和中药保健品等营养品，服用后都能有效地促进疲劳消除，并达到体能恢复的目的。而不同的营养强力剂，在人体中所起到的作用也有些许差别。如图 4-2-6 所示，是几类作用不同的营养强力剂。

营养强立剂的种类

加强免疫系统恢复的强力营养素。这类物质主要包括：伟特摘金者(乳清蛋白、牛奶分离蛋白、α一白蛋白、谷氨酰肽)、各种特异蛋白(如免疫球蛋白、谷胱甘肽等)、谷氨酰胺胶囊、谷氨酰胺肽、大蒜素、维生素E、蕃红素等天然物质以及黄芪、人参等中药制剂。

抗氧化剂类营养素。这类营养品有：谷氨酰胺、维生素E、维生素C、维生素EC复合剂、蕃红素等。其中抗氧化效果最为理想的是维生素E、蕃红素，其主要存在于番茄中。

创造最佳的激素内环境。这类营养品有谷氨酰胺、维生素E、维生素C、维生素EC复合剂、蕃红素等。其中抗氧化效果最为理想的是维生素E、蕃红素，其主要存在于番茄中。

图 4-2-6

二、各种营养链

（一）促进耐力增长的营养链

营养品的服用既要适时又要适当。选择性地补充营养品，不仅可以全方位地发挥其促进作用，还可以有效地改善运动耐力。而不同营养品的作用也都不同，以下是几类不同营养品的作用。

（1）磷酸果糖：改善心肌供能，提高骨骼肌代谢抗酸能力，提高红细胞运氧能力。

（2）糖：提高中枢、红细胞的机能水平。

（3）苹果酸：有氧代谢链的活性物质，具有加速有氧供能的效果。

（4）适量肌酸：加速 ATP 转运到肌原纤维旁，发挥调节代谢供能的作用。

（5）辅酶 Q：补充后能促进肌内氧的利用，从而提高有氧供能能力。

（二）抗酸化促进速度耐力的营养链

抗酸化促进速度耐力的营养链分为训练前对人和训练后对速度耐力素质的营养措施两种情况（图 4-2-7）。

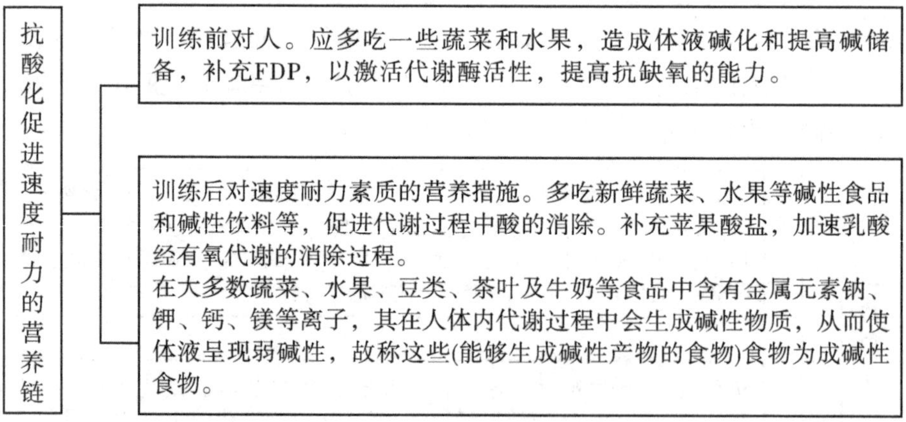

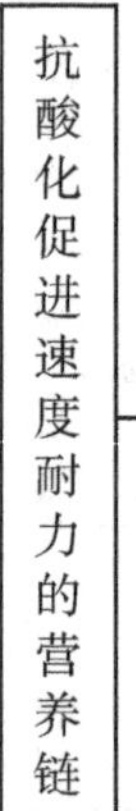

训练前对人。应多吃一些蔬菜和水果，造成体液碱化和提高碱储备，补充FDP，以激活代谢酶活性，提高抗缺氧的能力。

训练后对速度耐力素质的营养措施。多吃新鲜蔬菜、水果等碱性食品和碱性饮料等，促进代谢过程中酸的消除。补充苹果酸盐，加速乳酸经有氧代谢的消除过程。
在大多数蔬菜、水果、豆类、茶叶及牛奶等食品中含有金属元素钠、钾、钙、镁等离子，其在人体内代谢过程中会生成碱性物质，从而使体液呈现弱碱性，故称这些(能够生成碱性产物的食物)食物为成碱性食物。

图 4-2-7

（三）提高运动训练效果的营养补充

总的指导原则：使用促合成、抗分解的营养品，配合力量训练。

1. *营养组方之一*

这种组方以肌酸为主，以糖为辅，同时还需要补充 VC、VE、牛磺酸等。如果是大负荷力量训练，需要再补充一些能保持 CP 恢复良好代谢环境的运动饮料。这些运动饮料要含有伟特复合肌酸或康比特肌酸。

2. 营养组方之二

以有机铬、钒等为主，蛋白质、糖等营养素为辅。其生理作用是：铬和钒不仅仅是胰岛素代谢的必需物，还可以促使胰岛素的释放，从而进一步利用血胰岛素的升高来促进血液氨基酸、肌酸等营养物进入组织细胞内参与合成代谢。

3. 营养组方之三

必需脂肪酸和HM。生理作用主要体现在：更新组织细胞膜和线粒体膜的结构，提高细胞抵抗高负荷运动应激带来的负面影响；促进蛋白质合成代谢和抗分解代谢；促进脂肪分解和抗脂肪合成；抗氧化；防治因力量训练而造成的“肌肉超微结构损伤”等。HM，具有抑制蛋白质降解的作用，促进肌肉力量的提高。

三、补充营养补剂应注意的问题

（1）关键是膳食营养，尤其对于青少年运动员来说，合理的膳食营养更为重要。

（2）含糖运动饮料作为常备品，不饮用纯净水。

（3）加强对青少年运动员营养状况的监测。

（4）应根据青少年的生长发育特点补充促进生长激素分泌的营养品，切记不可盲目大剂量使用。

（5）促进睾酮分泌的营养品应结合监测指标调整使用。

（6）铁制剂与钙制剂或含钙较多的营养品不要一起服用。

（7）营养品的使用要遵循节律性、交替性、个体性原则。

（8）大剂量的促进生长激素分泌的营养品使用会使生长激素过度分泌，导致骨垢过早形成而影响其身高。

（9）不注意铁的补充极易引起运动性贫血的发生。

（10）钙的补充不充分，易引起肌肉痉挛，导致骨形成受影响。

（11）肌酸长期大量补充，会抑制自身肌酸的合成能力。

（12）营养品补充缺乏针对性，效果差、经费浪费大，从而使教练员、运动员失去对这些营养品的认知程度。

（13）微量元素过量摄入易产生极为不利的影响。

第三节　足球运动员膳食营养

足球运动员对营养的需求必须要全面。像足球运动这种项目，非常具有战斗性，运动员在踢足球的过程中，体能消耗非常大，一场激烈的足球比赛会使运动员的体重下降 3 ~ 5 公斤。

一、合理营养的基本要求

（一）热量平衡

人体与外环境不断进行物质交换和能量交换需要消耗大量的热能，这些热能靠食物中的碳水化合物、脂肪和蛋白质提供。一般情况下，运动员由于长时间运动所消耗的热能要与摄入的热能保持平衡。

1. 运动员的能量消耗

运动员的能量消耗主要用于维持基础代谢、满足食物特殊动力作用、训练和比赛及其他活动四个方面（图 4–3–1）。

运动员能量消耗的作用

- 基础代谢的热能消耗。基础代谢是指维持人体基本生命活动的热量，即在无任何体力活动及紧张思维活动、全身肌肉松弛和消化系统处于静止状态情况下，用以维持体温、心跳、呼吸、细胞内外液中电解质浓度差及蛋白质等大分子合成的热量消耗。运动员的基础代谢与一般人相同，即与体表面积、体型、年龄、性别、内分泌等有直接关系。健康成人的基础代谢率为每小时每平方米体表面积消耗约160千焦耳。
- 食物特殊动力作用消耗。食物特殊动力作用是指摄食后额外增加的热量消耗。成人摄入一般的混合膳食时，由食物的特殊动力作用而额外增加热能消耗每日约600千焦耳，相当于基础代谢的10%。
- 训练和比赛的能量消耗。运动时热能消耗取决于运动强度、密度和训练课的总时间。足球运动由于对抗激烈、运动量大、比赛时间长、训练课的时间则更长，因此总的热能消耗多(24.98千焦耳 / 平方米 / 分)，占一日总消耗量的40%左右。
- 训练与比赛以外活动的能量消耗。训练与比赛以外活动的能量消耗决定于活动的性质和时间。足球运动员在训练或比赛后的活动，有学习、开会、文娱活动、日常生活等。

图 4–3–1

2. 热量供给不足或过多时对运动员的影响

健康成年人所消耗的热能要与摄入的热能经常保持平衡状态才行。出现不平衡现象时，热能过多，体重就会增加，影响技术动作的发挥；摄入过少，体重就会减轻，导致营养不良，出现贫血等症状。所以说，为了保证人体健康，摄入的能量一定要适量。

（二）摄入的热能比例适当

足球运动员的膳食要有一定的标准。蛋白质、脂肪和糖的比例最好是按重量计以 1 ∶ 0.8 ∶ 4 的比例为最佳。

提供主要供能作用的并不是蛋白质。蛋白质是调节各种生理活动的身体重要成分。由于蛋白质代谢时耗氧多，在代谢和排泄中增加肝脏和肾脏的负担，所以，摄入过多的蛋白质对人体是不利的。

脂肪的发热量高，是膳食中浓缩的能源，它是食物中供能量最多的营养素。食用油脂是脂溶性维生素的重要来源之一，同时能促进脂溶性维生素的吸收，延迟胃的排空，增加饱腹感。但有一点需要注意的是，脂肪释放的热能虽然很多，但是它的耗氧量更大。

足球运动员的运动强度大，如果短时间运动，供氧不足，就不能有效地分解脂肪，所以，足球运动员的主要能源并不是脂肪。

糖类食物容易消化、吸收。而且容易分解，产生的热量多，氧化过程中耗氧少，既可以在有氧的情况下分解，也能在无氧的情况下分解。除此之外，糖的最终产物为二氧化碳和水，极容易排泄，可以满足机体的需要。由此可见，足球运动的供能以糖为主。

二、食物中营养素损失的原因

（一）切洗的损失

切洗后再水泡、清洗，会造成各种水溶性营养素（维生素、矿物质）的丢失。

（二）烹调时的损失

高温、长时间的烹调会造成许多不耐热的维生素的损失。

（三）不良饮食习惯的损失

煮粥加碱，破坏维生素 B；采用“捞饭法”蒸米饭，使多种易溶于水的营养素丢失；吃菜弃汤，使溶于水中的营养素无法利用。

三、我国足球运动员膳食管理上存在的问题

由于缺乏运动营养学知识的指导，加上观念的落后，我国足球运动队膳食管理和工作人员在实际工作中存在一些急待改进的问题，这是导致我国足球运动员膳食营养结构不合理、烹调的方式与科学膳食不相适应的根本原因。

（一）膳食管理工作存在的主要问题

（1）没有生吃的蔬菜。

（2）主食品种少（早餐除外）。

（3）过多的猪肉使膳食中脂肪含量居高不下。

（4）对食物相克了解不够。

（5）配餐中——酸性碱性食物搭配不科学。

（二）我国足球运动员基础营养膳食不合理的主要原因

（1）运动中忽视了水和无机盐的及时补充。

（2）碳水化合物（糖）摄入严重不足。

（3）部分维生素摄入不足。

（4）脂肪和蛋白质摄入过多。

（5）水果代替蔬菜，或蔬菜代替水果。

（6）精制食品代替粗粮。

第四节　足球运动员的运动性疾病

一、运动中腹痛

运动中腹痛是指运动员在训练或比赛中，由于生理或病理等原因所引发的腹部疼痛症状。其中最常见的有膈肌痉挛、肝脾淤血和胃肠痉挛等导致的腹痛。

（一）原因和发病原理

1. 原因

运动中腹痛的发生，大都由以下原因造成：（1）缺乏训练。（2）准

备活动不充分。（3）过度紧张。（4）饭后过早地参加运动。（5）运动前吃得过饱、过多，或吃了较难消化的食物使胃肠充盈、饱满。（6）空腹运动时，胃酸或冷空气对胃造成刺激。（7）运动中呼吸与动作之间的节奏配合不良。此外，运动的速度或强度的突然加快和加大，也是引起腹痛的常见原因。

2. 发病原理

不同情况的腹痛，有着不同的发病原理。运动中腹痛的发病原理大致可分为以下三种（图 4–4–1）。

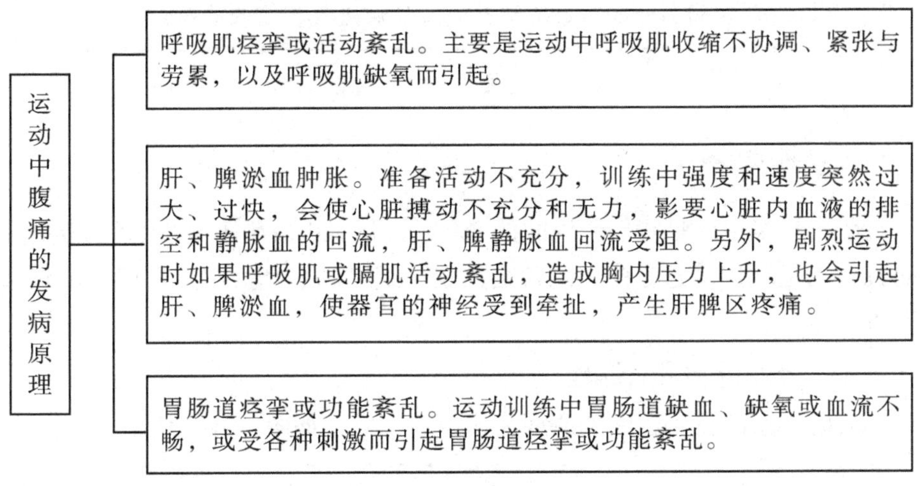

图 4–4–1

（二）征象

不同的发病原理所引发的腹痛症状也不同，具体情况如表 4–4–1 所示。

表 4–4–1　不同发病原理的症状表

发病原理	症状
呼吸肌痉挛或活动紊乱	以肋部和下胸部为多的锐痛
肝脾淤血肿胀	左腹部的钝痛、胀痛或牵扯性痛
胃肠道痉挛或功能紊乱	肚脐周围的钝痛、胀痛或绞痛

（三）处理

如果足球运动员在足球训练或比赛过程中，出现腹痛的情况，必须要及时处理，不同的腹痛有不同的处理方法（图 4–4–2）。

运动中腹痛的处理方法

- 对运动时出现腹痛的运动员要慎重对待，首先要了解腹痛的性质、部位。根据腹痛的部位与运动强度的关系，来判断是由疾病引起的，还是与运动有关的生理原因引起的，做到有的放矢。
- 出现腹痛时应立即降低运动强度，适当减慢速度，调整呼吸与动作的节奏，用手按压疼痛部位，如果无效或疼痛反而加重，应立即停止运动，请医生诊治。
- 对疾病引起的腹痛应根据原发疾病进行相应的治疗。

图 4-4-2

二、肌肉痉挛

肌肉痉挛也就是我们所说的抽筋，它是指肌肉发生不自主的收缩反应。而且，在足球运动过程中，经常会出现小腿腓肠肌和大腿后群肌肉的痉挛现象。

（一）原因和发病原理

肌肉痉挛的发病原因和原理大体分为三类，如图 4-4-3 所示。

肌肉痉挛的发病原因和原理

- 肌肉疲劳。长时间和大强度的运动训练，会引起肌肉结构的损伤，肌肉的血液循环和能量物质的代谢发生改变，肌肉中大量的乳酸和代谢废物堆积，肌肉收缩与放松不能协调地交替进行，从而引起肌肉痉挛。
- 电解质和水丢失过多。运动中大量排汗，特别是在高温条件下长时间剧烈运动，使电解质从汗液中大量丢失，肌肉的兴奋性增高，发生肌肉痉挛。
- 其他因素的刺激。如寒冷刺激，肌肉受到低温的影响，兴奋性会增高，易使肌肉发生强直性收缩。肌肉突然受到外力的猛烈打击等，也会产生强烈收缩而引起痉挛。

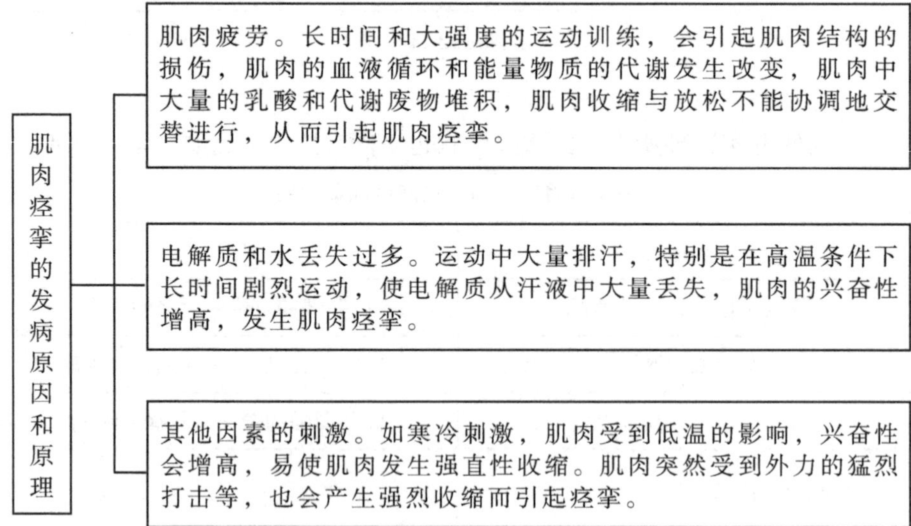

图 4-4-3

（二）征象

痉挛的肌肉僵硬、肿胀、剧烈疼痛，肌肉的运动能力和柔韧性降低，除此之外，部分关节的功能也会由于肌肉痉挛而受到一定的阻碍。

（三）处理

一般情况下，向相反的方向牵引痉挛的肌肉就可以缓解或消除肌肉痉挛的现象。但要注意的是牵引时用力宜缓慢。倘若用暴力牵引，很有可能会拉伤肌肉。如果是大腿后群肌肉、小腿腓肠肌发生了痉挛现象，就可以用以下方法来处理：伸直膝关节，用力将踝关节背伸，尽量拉长痉挛的肌肉。使用这种方法，痉挛得到缓解后，要想达到更好的效果，还可以使用局部按压、揉捏等方法。

三、运动性中暑

（一）运动性中暑的发病原理和征象

运动性中暑是由于运动员在运动过程中，产生的热量过多，以至于超过了身体的散热能力，进而出现了高热的状态。这种高热状态称为运动性中暑。尤其是在夏季，足球运动员在训练和比赛中，稍不控制运动量，很容易就会出现这种现象。运动性中暑可分为热射病、日射症和循环衰竭三种类型，每种类型都对应着不同的发病原理和征象（如表 4–4–2）。

表 4–4–2　运动性中暑的发病原理和征象表

中暑类型	发病原理	征象
热射病	①天气温度和湿度较高且不流动 ②体内产热较多 ③热量在体内大量积累 ④水、盐代谢出现紊乱	轻者体温微微升高，头昏、头痛、全身无力等 重者有高热和虚脱症状、皮肤灼热、呼吸短促、呕吐甚至昏迷等
循环衰竭	①运动失水过多 ②血容量减少 ③心脏功能和血管舒张调节不适	皮肤冷温、脉搏细弱、面色苍白、神志恍惚等
日射症	阳光直接照射头部引起的机体强烈的反应	头昏、眼花、剧烈头痛、烦躁不安、血压降低等

（二）处理

足球运动员在训练或比赛过程中，一旦出现中暑，首先要降温，然后迅速将患者移到凉爽、通风的地方去，平卧休息，头部稍垫高，冷敷，用温水或酒精擦身。如果运动员中暑严重，需及时服用解热药物。一旦运动员出现昏迷状态，需采取急救措施，如：刺激人中穴，对四肢进行重推、摩和揉捏。必要时，需尽快将运动员送往医院进行治疗。

第五节　足球运动员的运动损伤

一、损伤概况

在足球运动过程中，发生在运动员身体的各种伤害称为运动损伤。从小的方面来看，运动损伤使运动员不能参加正常的训练和比赛；大的方面，运动损伤缩短运动员的运动寿命，更严重的还可能会使运动员致残甚至死亡。

近年来，随着足球运动的迅速发展，比赛过程中的对抗也明显增强，据统计，足球运动员的运动损伤情况有明显的上升趋势。所以，防止运动损伤是一个非常重要的研究课题。

（一）损伤的特点

足球运动的损伤不同于其他的运动损伤，它有其自身的特点和规律。足球运动的损伤特点大致表现为三点（图 4-5-1）。

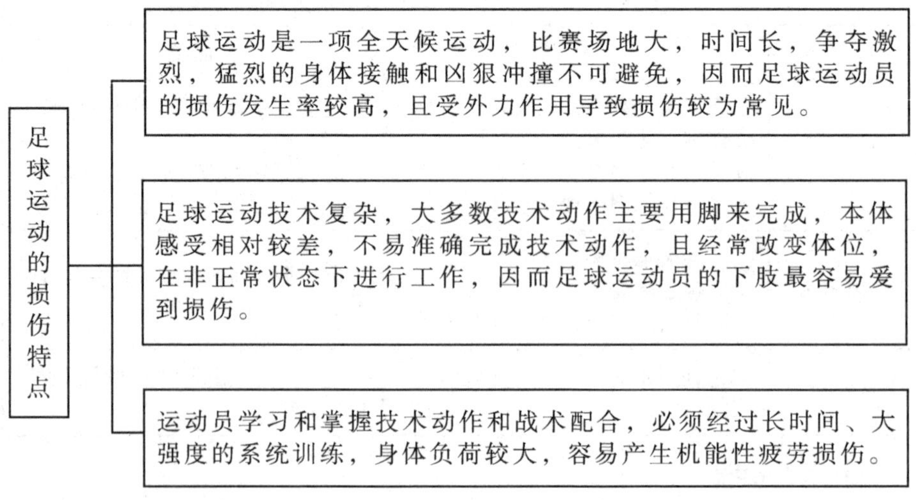

图 4-5-1

（二）常见损伤及原因

1. 损伤的种类和部位

作为损伤发生率极高的运动项目之一，足球运动损伤大部分都是外伤，其中有拉伤、擦伤、骨折、关节脱位等。而这些损伤大部分是由跌倒、急停急转、冲撞等原因造成的。外伤中，约86%的损伤发生在四肢。其中，踝关节扭伤最常见；其次是大腿前后肌肉拉伤和挫伤；第三是膝关节损伤。

2. 损伤的原因

足球损伤一般有以下几个原因（图4–5–2）。

足球运动损伤的原因

- 激烈比赛致伤。比赛时紧张的争夺、疾跑与铲球，易发生大腿和小腿的肌肉拉伤与断裂。突然改变体位，小腿突然扭转、内收或外展，可以引起膝、髋关节的韧带及骨的损伤。
- 因球的间接作用致伤。这种损伤多见于下肢，例如用脚外侧踢球，容易损伤距腓前韧带，这是最常见的踝关节损伤，膝关节在屈曲位，小腿突然因球的作用而外旋外展，很容易损伤膝关节的外侧副韧带、半月板和前十字韧带。特别在对脚时，腿部肌肉没有用力也容易造成内外侧副韧带撕裂伤。有时股四头肌收缩过猛，常常造成股四头肌、股直肌腹或腱膜的撕裂伤。
- 球击伤。例如面部的擦伤、挫伤；腹部的挫伤(肝脾破裂、胃肠道挫伤)；阴囊及睾丸挫伤等，最典型常见的损伤是守门员的手指损伤与关节脱位。
- 踢伤。比赛时腿部以及身体常常被对方踢、顶，引起肌肉挫伤、皮下血肿、肌肉撕裂(常见的有股四头肌损伤)，以及骨的损伤，如胫骨骨折，或胫骨创伤性骨膜炎等。

图 4–5–2

足球外伤发生的原因有各方面因素，除训练方面的原因外，运动员的职业保护意识、场地设施、保护器具都有一定的影响。在对抗训练中并不是积极做好护具准备以及必要的准备活动，一有磕磕碰碰就埋怨对方，养成了不良习惯，一到比赛又往往承受不了激烈对抗造成的重伤。此外，在我国青少年足球运动员的早期训练中由于条件有限，加上训练方法不当，易造成潜伏的慢性损伤。

（三）损伤的预防

我国许多运动员在训练中的防伤、防病和自我保护意识较差，造成一些不必要的伤害。如图 4–5–3 所示，是足球运动过程中损伤的预防方法。

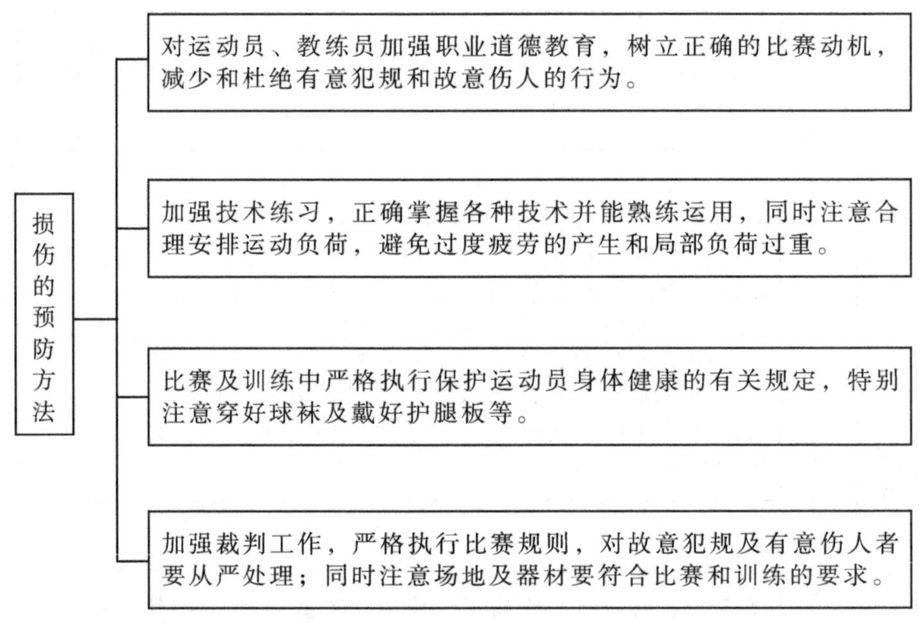

图 4–5–3

二、常见损伤的处理

运动员在运动过程中，损伤是在所难免的。如果遇到损伤，初步急救则显得非常重要，急救处理得当不仅可以加快损伤的好转和愈合，还能大大减少并发症。急救处理不当，轻者会加重伤情，延长治愈时间；重者则可能造成残废。所以，教练员、运动员一定要掌握一些常见损伤的处理方法（图 4–5–4）。

常见损伤的处理方法

挫伤。肌体某部位受钝性外力作用，引起该处及其深部组织的闭合性损伤，称为挫伤。挫伤后，以疼痛、肿胀、皮下出血和功能障碍的症状为主。受伤后应立即进行局部冷敷、外敷新伤药等，适当加压包扎，并抬高患肢，以减少出血和肿胀。股四头肌和小腿后群肌肉的严重挫伤多伴有部分肌纤维的损伤或断裂，组织内出血形成血肿，应将肢体包扎固定后，立即送医院诊治。头部、躯干部的严重挫伤可能会伴有休克症状，应仔细观察呼吸、脉搏等情况，休克时应首先进行抗休克处理，使伤员平卧休息、保温、止痛、止血。疼痛甚者，可口服可卡因或肌肉注射杜冷丁，并立即送医院诊治。

擦伤。肌体表面与粗糙的物体相互摩擦而引起的皮肤表层的损害，称为擦伤。主要征象为表皮剥脱，有小出血点和组织液渗出。一般较轻、较小的擦伤，可以用生理盐水或其他药水冲洗伤部，涂抹红药水或紫药水，不需包扎，一周左右就可痊愈。一般较大的擦伤伤口易受污染，需用碘酒或酒精在伤口周围消毒，如果创面中嵌入沙粒、炭渣、碎石等，应用生理盐水棉球轻轻刷洗，消除异物，消毒后适当包扎。

拉伤。肌肉受到强烈牵拉所造成的肌肉微细损伤、部分撕裂或完全断裂，称为拉伤。足球运动中，大腿后群肌肉和小腿后群肌肉的拉伤最为常见。拉伤后局部疼痛、压痛、肿胀、肌肉发硬、痉挛、功能障碍。如果肌肉断裂，伤员受伤时多有撕裂感，随之失去控制相应关节的能力，并可在断裂处摸到凹陷，在凹陷附近可摸到异常隆起的肌肉断端。拉伤时应立即采用氯乙烷镇痛喷雾剂等进行局部冷敷，加压包扎，并把患肢放在使受伤肌肉松弛的位置，以减轻疼痛。肌纤维轻度拉伤及肌肉痉挛者，用针刺疗法会取得显著疗效。肌肉、肌腱部分或完全断裂者应在局部加压包扎，固定患肢后，立即送医院诊治，必要时还要接受手术治疗。

撕裂伤。撕裂伤是指受物体打击而引起的皮肤和皮上组织均出现规则或不规则的裂口，有不同程度的出血和污染。处理时，轻者可先用碘酒或酒精消毒，止血后再用消毒纱布覆盖，并适当加压包扎。如不能制止出血，应尽可能在靠近伤口处按规定缚以止血带，立即送医院治疗。伤口较大、较深、污染较严重时，应及时送医院进行清创缝合手术，并口服或注射抗菌季药物预防感染，并按常规注射破伤风抗霉素。

图 4–5–4

第五章　高校足球实用技术教学与训练

在足球比赛的过程当中，运动员的一些能力都是通过足球的技术表现出来的，作为足球运动的重要组成部分，对于足球技术的训练我们应该给予更多的重视。随着人们对足球运动认识的不断加深，对于足球运动技术的要求也就变得越来越高，加强对于足球技术的科学化教学与训练就显得尤为突出。

第一节　足球运动技术的基本理论

一、足球技术的概念及分类

（一）足球技术的概念

足球技术就是人们在足球运动的过程中逐渐形成与完善起来的，足球运动员在进行足球比赛中的所有动作总称，也就构成了足球技术。

随着社会的不断进步与发展，足球技术已经有了长足的进步，并且这种进步的形式已经呈现出了更快的趋势，运动员们为了赢得比赛的胜利，在平时的训练中都要遵循一种原则，那就是需要兼顾进攻与防守两个方面，更要注重与队友之间的相互配合。在运动员能够熟练掌握足球技术的前提下，才能够在激烈的比赛中全面执行战术的部署。足球的技术与战术之间是相互促进的，技术的提高促进了战术的进一步完善，战术的提高驱动了技术的进步。

现代足球比赛中，进攻与防守之间的转变是非常快的，而现在的战术打法也更加趋同于全攻全守，场上球员的职责也变得越来越模糊，这对进攻与防守的技术也都提出了比较高的要求。所以，在对足球运动员进行训练的时候，一定要重点加强技术与战术之间的相互配合，向着更加全面、准确与实用的方向发展。

（二）足球技术的分类

足球运动的技术种类是非常多的，在众多的技术种类中，一些比较简单的技术是很容易被大家所接受的，但是对于一些难度比较大的技术动作来讲，还需要运动员经过深刻的学习和刻苦的训练之后才能真正掌握。另外来讲，在掌握良好的技术之后，还需要在适当的时机把这些技术加以运用，只有这样才能够在真正的比赛中取得良好的比赛成绩。

我们可以根据球员在场上的分工以及比赛过程中跑位的变化，将足球运动员的技术分为锋卫队员技术和守门员技术两个种类。但是，无论是什么类型的技术，他们在比赛中都需要充分结合球的技术动作，另外还需要完成诸多无球技术动作。所以，我们可以将足球技术有效地分为有球技术和无球技术两个种类（图 5–1–1）。

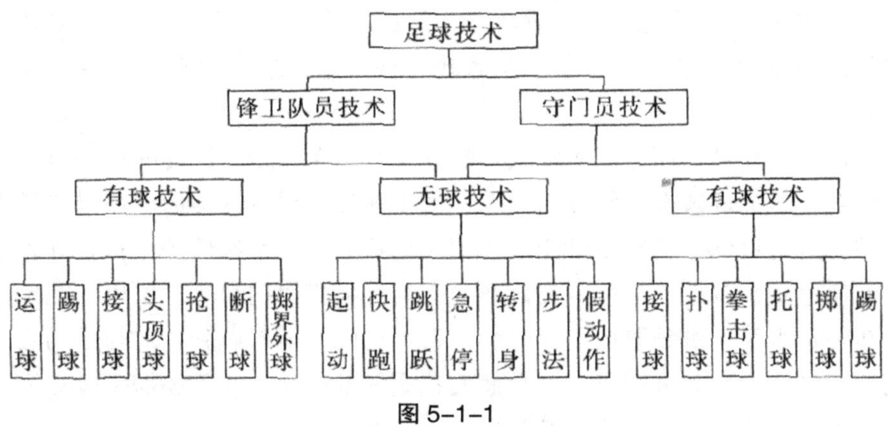

图 5–1–1

二、足球技术的基本特征

（一）技术与即兴发挥相结合

足球比赛的局面变化是非常快的，对于足球比赛的结果没有谁能够进行准确的预测，这也是足球运动能够吸引人的重要原因，这同时也是由足球运动自身的不可预知性所引起的。随着现代足球技术的不断发展与进步，足球运动员在比赛中处理球的动作时间与进行思考的时间就会变得越来越少，与此同时，防守的强度却在一步步增加，这种比赛状况的出现更加应该能够激发运动员的潜能，更加需要掌握一些超常的运动技术，才能够真正在比赛中掌握比赛的主动权。

所谓的即兴发挥就是运动员根据场上比赛的一些具体情况以及一些突发的状况，随机应变地采取一些应急的手段，将原有的技战术重新进行组合与整理，最终达到出奇制胜的目的。随着现代足球技术的快速发展，运动员能够进行即兴发挥的机会变得越来越多，即兴发挥要求运动员具备全面而娴熟的技术、突出的意识以及勇于冒险的精神，并且这些所有的精神意志以及足球技术都需要在机会出现的一刹那表现出来。

（二）技术运用的目的性

足球运动的每一项技术都会有其自身的目的性，运动员在比赛场上进行比赛的过程中，他们所使用的任何一种技术动作，都会带有一定的目的性。对于初学者来讲，他们对足球运动的了解可能还不够深入，那么，他们在做动作的时候可能就会带有一定的盲目性。但是这种盲目性会随着运动水平的不断提高而逐渐增加，从这个维度上讲就是要全面提高运动员的技战术水平，进一步减少运动的盲目性，最终会有助于目的性的提高。

足球运动是一项竞争非常激烈的竞技性运动，足球比赛的目标讲就是防止对方球员攻破本方的球门，而尽力将球攻入对方的球门。如果要想真正实现这一目标，就要尽可能地利用足球技战术控制好球的运行，并且还能够通过一些有效地途径掌控比赛的节奏，伺机射门得分。所以，控球能力在一定程度上讲是取得比赛胜利的根本目的，要想做到技术与目的之间的相互结合，运动员需要掌握全面而扎实的基本功，并且还需要能够娴熟地运用这些技术，在技术的实用性上多下功夫。

（三）技术与速度相结合

足球运动正在朝着高速度、强对抗的方向来发展，最突出的表现就是运动员在身体素质上的提升，特别是速度的提升，比如动作速度、运动速度以及动作的速率等。所以，要想真正能够适应现代足球运动的一些强烈对抗，最为重要的因素就是需要在速度上有较大幅度的提升。特别是快速移动的能力以及技战术的运用能力，如果运动员在比赛的过程中，没有出色的运动能力以及速度能力，即使技战术能力再强，也不能得到有效地发挥。

（四）技术与意识相结合

所谓的意识就是运动员对于整个足球比赛的一种规律性的认识，并且能够根据场上比赛的一些变化，采取行之有效的一种行动，足球运动场上的一举一动，包括有球与无球的状态下，都要有意识的反映。另外来讲，良好的足球运动意识也是足球取胜的重要前提，在防守的过程中，如果防守人能够对进攻队员有一个预判，在对方球员进攻的道路上提前进行堵截，那么，防守的效果将会大大提升。在进攻的过程中，找到防守队员的缺点与防守漏洞，通过突然加速、左右晃动以及多次变向等方式，摆脱对方的防守，增加射门的机会。

在运动员进行足球运动训练的时候，不论运动员使用什么样的运动技术，在思想上都会受到意识的支配，所以，在进行训练或者是比赛的过程中，将训练的技术与运动员的意识之间做一个有效地结合还是非常有必要的，这对运动员的技战术能力以及心理素质都会有比较高的要求，对对方球员的进攻路线与心理也应有准确地预判，有效地将自身的技战术能力与运动意识良好地结合，是两者真正实现共同发展。

能够影响到足球运动员意识的因素是多种多样的，其中运动员的文化素质、理论知识以及运动天赋等条件的影响力是比较大的。意识一般情况下是属于人们自身的思想范畴，人的运动天赋与运动能力都会存在很大的差别，所以，对于足球运动员的意识是不能够一概而论的，足球运动员的运动意识也不能通过简单的训练而获得。一般情况下，足球运动员在训练的过程中需要教师对其灌输各种足球运动的意识，并且在教学的过程中教师要对一些有足球运动天赋和特长的学生给予特殊的培养。

（五）技术与意志相结合

足球运动员良好的意志品质也是足球运动取得胜利的重要因素之一，在足球比赛中有举足轻重的作用。

足球运动员的意志品质基本上都是表现在三个方面，即：勇于冒险的精神，勇敢顽强的作风，强大的情绪控制能力。

从古至今，足球运动都是一项充满挑战的运动，之所以会出现这样的状况，基本是由其自身特点来决定的。随着比赛强度的不断加强，对于运动员的一些心理素质和精神品质都提出了比较高的要求，没有强大毅力支撑的情况下，运动员是很难完成一场精彩绝伦的足球比赛的。

第二节　高校足球实用技术的教学

一、颠球技术

颠球技术就是运动员用身体的多个部位连续对球进行控制和接触，并且保证球不落地，根据接触球部位上的差别，我们将颠球技术分为以下几个种类（图 5–2–1）。

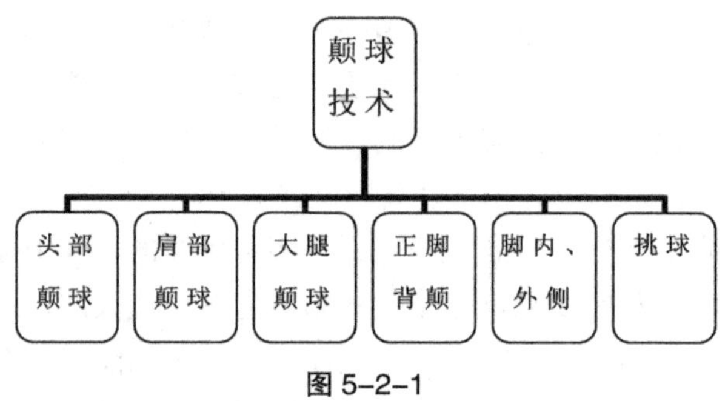

图 5–2–1

（一）脚内、外侧颠球

脚内侧颠球：支撑腿的膝关节要稍微弯曲，身体的重心也要随着支撑脚的独立移至支撑脚上，用脚的内侧向上摆动，击打球的下部，双脚的内侧交替进行击球动作，但是也可以单脚连续击球，类似踢毽子运动。

脚外侧颠球：动作方法与脚内侧颠球相仿，只是改脚内侧为外侧，提脚颠球时，脚由外往上提起。

（二）大腿颠球

当球马上要下落至大腿抬起平行于地面的位置时，需要抬腿屈膝，利用大腿的中前部位向上击打球的下部，双腿交替击球，同时也可以用一只脚进行支撑，另一侧大腿进行连续击球动作。

（三）正脚背颠球

在进行正脚背垫球动作的时候，需要双脚交替向上摆动，用脚背进行正面击球，触球的时候注意踝关节的紧张度，击打球的下部。由于摆腿或者是球受力方向的原因，一旦触球会使球产生一定的内向旋转，在进行颠球运动的时候，不仅可以双脚交替进行颠球，而且还可以单脚支撑，单脚颠球。

（四）头部颠球

两脚开立，约与肩同宽，膝部自然微屈，头部上仰，用前额部位连续顶球的下部。顶球时，用力不要太大，并且注意要适中保持两眼注视球。

（五）肩部颠球

双脚左右开立站位，将身体的重心移动至中间位置，双臂自然下垂或稍屈肘。当球下落到接近颠球一侧的高度时，颠球一侧的肩部向上耸立，击打球的中下部位，迅速将球向上颠起。

（六）挑球

挑球就是将自己的支撑脚踏在球的侧后方 25 ~ 30 厘米处，膝关节稍微弯曲，将身体的重心前移至支撑脚上，执行挑球的脚放在球顶部，小腿微弯，将球轻轻向身体部位方向拉动。一旦球被脚掌拉动，则脚掌需迅速向后滚动，给球一个加速度，当球具有一定的初速度之后，通过惯性将球滚至脚背，大腿迅速内收，用脚背将球轻轻挑起。

二、踢球技术

踢球的方法主要有以下几种。

（一）脚内侧踢球

1. 踢反弹球

在踢反弹球的时候，需要根据球反弹的位置移动到我们最为有利的位置，支撑脚的站位要与球的落点能够相互呼应，踢球腿摆动与踢定位球的时候相互一致，一旦球着地之后，在离开地面的瞬间，用脚的内侧来击打球的中部位置。

2. 踢空中球

根据来球速度和运行轨迹及时移动到位，踢球腿大腿抬起（屈）并外展，小腿屈并绕额状轴后摆，利用小腿绕额状轴由后向前摆动，当摆至额状面时与球接触，击球的中部（图 5-2-2）。

图 5-2-2

3. 踢定位球

在运动员准备踢定位球的时候，需要一定的助跑过程，在助跑的时候最后一步要比前面几步跨度稍微大一些，支撑脚站在球的侧面，距离一般保持在 15 厘米左右，支撑脚的脚尖需要对准出球的方向，支撑腿的膝关节稍微弯曲。当支撑脚着地之后，踢球腿由大腿带动小腿，做摆动动作，在触球的前一刻钟，用脚跟将球送出去，使得球与脚跟内侧所形成的平面与出球的方向形成直角，踢球脚的脚底要与地面相互平行，脚尖稍稍翘起，踝关节发力使脚型能够固定住。在固定好脚型之后才能够保证踢出去的球急速有力，方向上也不会有太大的偏差（图 5-2-3）。

图 5-2-3

（二）脚背踢球

1. 脚背外侧踢球

（1）踢反弹球

脚背外侧踢反弹球的动作与脚背正面踢反弹球的方法基本相同，只是接触球时用脚背外侧部位击球。

（2）踢地滚球

脚背外侧踢地滚球的动作要求和踢定位球相同，但支撑脚站位时应考虑球的滚动速度，以保证在脚触球的瞬间支撑脚与球的相对位置符合规格要求。

（3）踢定位球

脚背外侧踢定位球的动作方法与脚背正面踢定位球相似，不同点在于摆踢时脚面要绷直，脚趾向内扣紧并斜下指，用脚背外侧击球的后中部，击球后，踢球腿顺势前摆着地。

2. 脚背内侧踢球

（1）踢定位球

采用斜线助跑的形式踢定位球的时候，助跑的方向应该与出球的方向呈现出 45° 的夹角，助跑的最后一步跨度要稍大一些，以支撑脚的脚底积极进行着地，脚尖指向出球的方向，落脚点要在球内侧约 20 ~ 25 厘米的距离，随后膝关节稍弯曲。

在支撑脚落地之后，踢球腿马上后摆，以髋关节为轴，由大腿来带动小腿，向前摆动，与此同时，小腿要做一个爆发式的摆动，摆动的同时，脚背尽量保持绷直的状态，脚尖稍向外转，用脚背的内侧来击打球的后中部位，当完成踢球动作之后，踢球腿与身体要随着出球的方向向前探出（图 5-2-4）。

图 5-2-4

（2）踢地滚球

在踢地滚球的时候，首先要判断好来球的方向与速度，找到正确的落点之后，及时移动至落球点，在选择支撑点的时候，要重点考虑到来球的情况与摆腿的速度，全面保证触球的瞬间能够强劲有力，脚和球之间的相对位置能够保持特定的规范。

（3）踢反弹球

在踢反弹球的时候，需要运动员判断好来球的落点，根据其运行的速度与方向做出准确地预判，当球反弹离地的瞬间进行踢球动作，其他的动作要求与踢定位球一样，踢反弹球主要用于踢侧方或者是侧前方的高位来球。

3. 脚背正面踢球

脚背正面踢球主要包括以下几种。

（1）踢倒勾球

在我们进行踢倒勾球的时候，需要根据来球的速度和方向进行相应位置的调整，保证自己能够移动到正确的位置，球的落点正好能够与站位相互对应，同时还要保证自己的站位能够在球的后方，在接球的时候，支撑腿稍微弯曲一点儿，上半身保持向后仰的状态，踢球腿以髋关节为轴向前转动，在身体的正前方将球踢出，要踢出球的方位应与身体的朝向相一致，具体方法如图 5–2–5 所示。

图 5–2–5

（2）踢定位球

在踢定位球的时候，我们还可以考虑采用直线助跑的方式，支撑脚需要落在距球大概 10 ～ 12 厘米处，脚尖正对出球的方向，膝关节稍微弯曲，踢球腿在跑动过程中要逐渐向后摆动，并且以髋关节为轴，由大腿带动小腿向前摆动。当膝关节摆动到接近球正上方位置的时候，接下来的动作将由小腿来完成，并以脚背的正面部位来击打球的后中部位（图 5–2–6）。

图 5–2–6

（3）踢侧面半高球

在进行踢侧面球训练的时候，球的运行速度与运行方向是我们选择站位的重要参考依据，在选择好击球点的同时，保持身体面向出球方向，顺势将身体的中心移动到支撑腿上，在进行踢球的时候，由大腿带动小腿向前摆动，用脚背的正面来击球，在完成击球动作之后，踢球腿随身体的惯性向前摆动，保持身体的平衡（图 5–2–7）。

图 5–2–7

（4）踢反弹球

和其他技术球一样，要踢出反弹球，就要对来球的速度大小、运行轨迹、落点位置做出准确迅速的预判。其技术要点是，把握好球落地的瞬间刚刚从地面弹起的机会，踢球的脚迅速发力，使用脚背踢中足球的中后部，在踢出球的过程中，注意把小腿向上摆动。（图 5–2–8）。

图 5–2–8

（5）脚背正面踢球练习方法

①徒手模仿练习，按照动作要领在慢跑中做正确徒手模仿的踢球姿势，保持动作的稳定和连贯。在完成技术动作的过程中注意大腿带小腿的摆动和小腿的摆速、大腿的前送动作，同时保持支撑腿的弯曲和身体重心的稳定。

②两人一组，一人踩球一人做脚背正面踢球技术动作，体会脚触球部位、体会击球部位。

③两人一组踢定位球，俩人相距 10 ～ 15 米踢定位球。一人踢球一人停好，将球再踢回去。

④踢准练习，两人一组相距 10 ～ 15 米，中间摆一个 2 ～ 3 米宽门形标志物，两人踢定位球通过门形标志物，反复练习。

⑤两人一组距离由近到远逐渐加大踢球的力量练习。体会远近距离踢球时的不同力量。

⑥踢反弹球练习，两人一组相距 8 ～ 10 米自抛自踢。体会支撑脚位置和击球点位置。

⑦两人一组相距 8 ～ 10 米，一人抛球一人踢活动中来球，体会活动中踢反弹球动作要领。

⑧利用球墙练习脚背正面踢球的技术动作。由原地踢球逐步过渡到在活动中踢球。体会活动中球的落点、支撑脚的位置和身体重心的变化。

三、头顶球技术

头顶球技术也称为头球，这项技术就是运动员用自己的头部前额把球击向预定的目标，这一动作的完成我们称之为头顶球技术。尽管头球的力量是非常有限的，但是从另一个角度来讲，头球所借助的力量并不是外力，而是运用了太极的原理，借力打力，运用球自身的力量。在现实的比赛中，停球、传球以及近距离的射门等都可以运用到头球技术。所以，在运动员的训练过程中，头球技术也是一项非常重要的进攻和防守技术之一。下面我们将逐一介绍头顶球技术的种类。

（一）前额侧面头顶球

1. 原地头顶球

在进行原地头顶球技术训练的时候，双脚前后站立，膝盖稍微弯曲，眼观来球的方向，双臂自然张开，当球运行到身体前上方位置的时候，支撑脚用力蹬地，上体随着出球的方向向前移动，同时还要将头面向击球的方向，用力将球甩出，用前额的侧面来击打足球的后中部位。

2. 跑动头顶球

与原地额侧头顶球的技术相同，在进行跑动头顶球运动训练的时候，遵循上述技术训练的要求与原则进行训练即可，但是需要注意的是，跑动侧面头顶球是在跑动中完成的，这是唯一与原地额侧头顶球技术不同的地方。

3. 跳起头顶球

跳起顶球时与额头正面的跳顶有很多的相同之处，但是两者唯一的不同点就是在进行跳起头顶球技术训练的时候，顶球动作需要在起跳上升的阶段来完成，上体向出球的方向转动，用头前额将球顶出（图 5-2-9）。

图 5-2-9

（二）前额正面头顶球

1. 原地头顶球

眼睛盯着来球的方向，身体面向看来球的方向，双腿开立，膝关节微弯，积蓄一定的力量在腿上，并且将身体的重心移动到双腿的中间，双臂微弯，当球运行至垂直于地面的垂线时，然后利用胸部来带动肩部后拉，然后迅速向前摆动身体，与此同时，双脚用力蹬地离开地面，在身体接触球的那一刻颈部要做爆发式的摆动，稍微低头，用前额正面来击打球的中部，上体随出球的方向进行摆动（图 5-2-10）。

图 5-2-10

2. 原地跳起头顶球

预备做原地挑起头顶球技术动作的时候，首先要使两膝向下弯曲，重心稍微降低，然后两腿发力迅速跳起，头部瞄准来球出击。完成动作过程中双臂是自然张开的状态，头部击球瞬间，腹部、腰部肌肉同时发力，使身体呈弓形，同时瞄准击球点，颈部发力使额头击中来球。完成动作之后，屈膝落地缓冲。（图 5-2-11）。

图 5-2-11

3. 跑动头顶球

跑动头顶球的动作要领与原地头顶球相似，不同点在于跑动头顶球需要在顶球之前正对来球跑位抢点。球顶出后，由于跑动速度较快，为保持平衡身体应该随球向前移 3~4 步。

4. 鱼跃头顶球

鱼跃头顶球是足球技术中难度比较大的技术，一般情况下运动员是用不到鱼跃头顶球技术的，除非是在头球射门的环节。在运动员进行鱼跃头顶球之前，首先要判断好来球的方向与速度，在判断好之后来球之后，选择一个恰当的顶球点，然后用单脚或者是双脚蹬地，当身体与地面接近水平位置之后向前鱼跃顶球，眼观来球的方向，利用身体的向前冲击的惯性击球，完成鱼跃头顶球之后双手着地，身体逐渐贴近地面（图 5–2–12）。

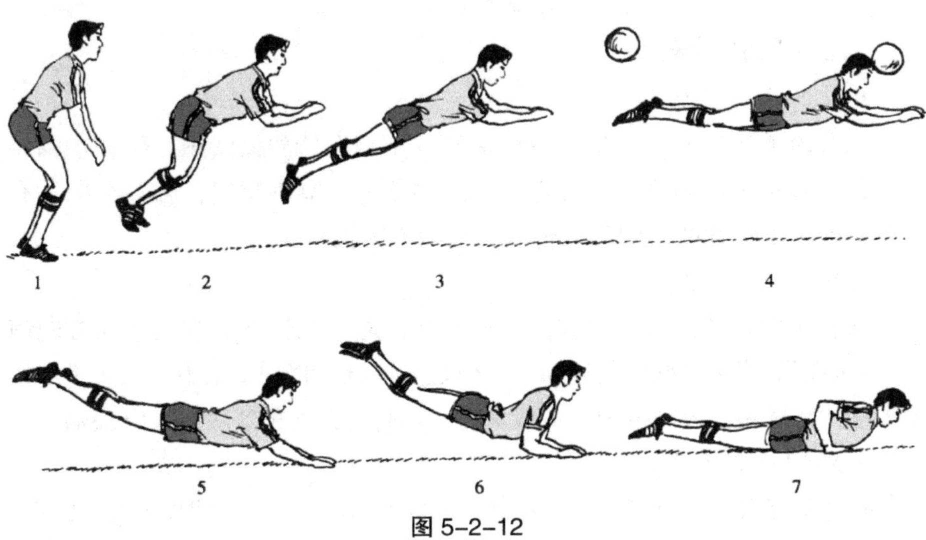

图 5–2–12

四、运球技术

运动员在跑动的过程中，由一只脚连续带动球或者是两只脚交替带动球，控制球在一定的范围之内活动，这种运球技术是足球运动中比较基础的动作，运动员可以利用运球动作实现进攻节奏上的快慢变化。我们可以根据运球部位的不同，将运球技术分为以下三种。

（一）脚内侧运球

脚内侧运球是运动员要掌握基本的技术动作。此动作的技术要领是，一脚支撑身体，另外一脚内侧带球前进，支撑的脚保持在球的侧前方，同时身体也侧向面对运球的方向前进。支撑身体的脚始终保持微微弯曲的状态，球要掌控在另一只脚的内侧范围内。（图 5–2–13）。

图 5–2–13

（二）脚背运球

1. 脚背内侧运球

脚背内侧运球要求上半身稍微前倾，全身保持放松状态，移动步幅要小一些。其技术要领是，踵部提起，脚尖朝外，脚跟朝内，膝关节向外有一个角度，用脚背的内侧部分将球朝运动方向推进。

2. 脚背正面运球

脚背正面运球的技术比较简单而直接。通常身体自然朝向运动方向前进，同时用脚背正面推球前进即可。但是要注意，移动步幅不要太大，步幅太大往往让球超出控制范围，造成失球。用脚背正面推球时要让脚尖朝下。

3. 脚背外侧运球

运用脚背外侧运球技术时，要求上半身朝前微倾，直接朝预定方向跑动，同时带球的腿提起，用脚外侧推球，推球幅度要合适，不要让球超出掌控。注意脚尖朝内，脚跟稍微朝外，脚步外侧朝向移动方向。（图 5–2–14）。

图 5–2–14

（三）运球过人

运球过人就有一定的难度了，在足球运动防守强度日益增强的情况下，如果进攻球员没有过硬的运球过人技术，要想突破防守是非常困难的，但是在足球运动比赛中，运球过人是比赛过程中比较常用的进攻方式，当进攻球员过人成功之后，对方的防守就会形同虚设，其他进攻队员也得到了更大进攻空间，为射门得分创造了更加有利的条件，运球过人的方式有很多种，下面我们选取两种比较有代表性的过人方式进行介绍。

1. 拉球过人

在进行拉球过人训练的时候，我们需要将前脚掌放在球的上方位置或者是侧上方位置，另一只脚作为支撑脚，放在球上面的脚用力将球向后拉，使得防守队员进行防守的时候向前扑空，当防守队员向前扑抢球的时候，肯定会造成身体重心的迁移，在这个时候，正是拉球过人的最好时机，进攻队员可趁此机会带球向前移动，摆脱防守人的防守（图 5–2–15）。

图 5–2–15

2. 拨球过人

拨球利用脚踝关节向侧的转动，来达到脚背内侧或脚背外侧触球，将球拨向身体的侧前方、侧方、侧后方。在过人时若使用拨球，还要在拨球后立即跟上推球，使球按预定方向运行（图 5–2–16）。

图 5–2–16

五、传接球技术

（一）接球技术

1. 脚内侧接球

（1）接地滚球

支撑脚脚尖正对来球，膝关节微屈，同侧肩正对来球。接球腿提膝大腿外展，脚尖微翘，脚底基本与地面平行，脚内侧正对来球并前迎，当脚内侧和球接触的一刹那迅速后撤，把球接在脚下（图 5–2–17）。

图 5–2–17

（2）接反弹球

在运动员进行接反弹球动作的时候，接球人应该提前对球的落点进行判断，并冲破一切阻拦来到球的落点位置，支撑脚需要在球落点的后面，在接球的瞬间支撑腿屈膝，用胸部、腹部或者是大腿、脚背面接球，使球能够平稳落地，当球落地之后，用脚内侧轻推球的中上部，进行下一动作（图 5–2–18）。

图 5–2–18

（3）接空中球

在进行接空中球运动训练的时候，我们需要有效地根据来球的速度以及球运行的轨迹进行相应的移动，及时快速地移动至正确的位置。如果来球的位置比较高，则应该适当抬腿向前迎接来球，使脚内侧接触球，缓缓将球引到地面上，在这个过程中注意要保持身体的平衡，将身体的重心放在支撑腿上（图 5–2–19）。

图 5–2–19

2. 脚背外侧接球

脚背外侧接球的特点是动作幅度小、速度快、灵活机动、隐蔽性较强。但动作难度较大，接球时常伴随假动作和转体动作，适用于接地滚球和反弹球。

（1）接地滚球

在观察好周边情况之后，根据来球的方向和速度，判断球的落点，尽早选择支撑脚的位置，并且根据场上比赛的情况，运用一些合适的动作或者是方法技巧进行接球。

在做接球动作的时候，应屈膝，踝关节向内侧翻，用脚背抵挡来球，当球临近的时候，接球脚以脚背的外侧来推拨球的相应部位，最终将球控制在最恰当的位置上，继续进行下一动作。

（2）接反弹球

在接反弹球的时候，我们应当注意判断好来球的落点，进一步抢占最为有利的接球位置，或者是利用假动作来欺骗对手，接球腿的小腿应该与地面形成一定的夹角，以膝关节做适当幅度的扣压动作，以防球的反弹。

（3）脚背外侧接球练习方法

①利用足球墙进行练习：采用足球墙练习脚背外侧接地滚球，个人相距足球墙 5 ~ 8 米左右，踢地滚球弹回来，用脚背外侧接地滚球，由开始原地接逐渐过渡到迎上去接。

②两人一组对面站立，相距 8 ~ 10 米左右，一人踢地滚球，一人用脚背外侧接地滚球练习；由开始原地接，逐渐过渡到迎上去接，再逐渐过渡到向两侧接球。

③个人将球踢高，然后进行接反弹球的练习（或用手抛起后进行练习也可以）。

④两人一组对面站立，相距 8 ~ 10 米左右，一人抛地高球，一人用脚背外侧接反弹球练习，由开始原地接逐渐过渡到迎上去接，再逐渐过渡到向两侧接球。

3. 脚背正面接球

在进行脚背正面接球的训练的时候，我们需要对球的落点做出准确地预判，在球下落之前及时赶到球即将下落的地点，使自己保持正确的站位，根据来球的情况，选择接球的部位，通常情况下都是用脚背来接球的，一旦球碰触到脚背的正面，接球腿就要随球下降，这个时候大腿的膝关节、踝关节与脚趾等都需要有一定的紧张度，脚尖稍稍翘起，把球接到最恰当的位置（图 5-2-20）。

图 5-2-20

4. 胸部接球

胸部接球是接高球的一种好方法。胸部接球包括挺胸式和收胸式两种方法。

（1）挺胸式接球

面对来球，两脚左右或前后开立，两膝微屈，重心置于支撑面内，上体后仰，下颌微收，两臂自然张开，维持身体平衡。接触球的瞬间，膝关节伸直，两脚蹬地，胸部轻托球的下部使球微微弹起于胸前上方（图5–2–21）。

（2）收胸式接球

这种接球方法多用于接齐胸高的平直球。面对来球，两脚左右或前后开立，两臂自然张开，挺胸迎球，触球瞬间收胸、收腹、臀部后移将球接在体前（图 5–2–22）。若需要将球接在体侧时，则触球瞬间转体将球接在体后相应的一侧。

图 5–2–21

图 5–2–22

（3）胸部接球练习方法

①两人一组互抛互接练习，根据来球方向迅速跑动，用正确部位触球。

②互抛平直球进行反复练习，体会收胸收腹时机。

③两人一组相距 15 ~ 20 米互传互接练习，根据传球不同情况，分别采用挺胸式或收胸式方法接球。

5. 腿部接球

大腿接球可根据不同来球高度将其分为接下落高空球与接略高于膝的低平球。

（1）接下落高空球

身体正对来球，选好支撑脚位置并稳固支撑，接球腿屈膝上抬，以大腿中前部对准来球。触球瞬间，接球腿积极引撤下放，接球部位的肌肉相应放松，以加强缓冲效果，使球触腿后落于体前（图 5–2–23）。

图 5-2-23

（2）接略高于膝的低平球

面对来球方向，根据来球的高度，接球腿大腿微屈，送髋前迎来球，当球和大腿接触瞬间收撤大腿，使球落在所需要的位置上。

6. 腹部接球

在激烈的比赛中为了抢点控制球，根据比赛的需要也可以使用腹部接球。

（1）腹部接平空球

当来球比较突然而且和腹部同高时，应先挺腹，在腹和球接触瞬间迅速含胸收腹，将球接下来。

（2）腹部接反弹球

在进行腹部接球的时候，接球者一定要用身体正对来球的方向，并进行适当速度的跑动，根据来球的方向和速度对球的落点有明确的认识和清晰的判断，接球的瞬间，身体稍向前倾，腹部对准落地之后反弹起来的球，提前保证腹部肌肉的紧张程度，避免受伤，然后压着球向前移动，同时也可以在来球的一瞬间，将身体向侧面转动，然后改变球运行的方向，将球导向同伴的方向。

（二）传球技术

传球技术是整个足球运动中比较基础的运动技术，传球的重要性是显而易见的，个人的技术再高，如果没有一定的传球水平，很容易就会被对手包夹，造成失误。任何团队的战术执行都需要传球来支撑，基于这一点考虑，每位成员都应该熟练掌握传球技术，传球质量的好坏在一定程度上也决定了进攻的成功率与防守的质量，在足球比赛的过程中，队员之间传球需要注意的问题主要有以下几点。

（1）传球应秉承简捷、快速的宗旨进行。

（2）后场是整个场区中比较危险的地带，进攻队员在后场进行传球的时候要尽量避免横传或者回传球，尤其是在天气条件不佳的时候，更加应该注意，保证传球的成功率。

（3）在进行传球的时候，需要对周边的站位有一个清晰的认识，能够预见防守球员的走位以及同伴的进攻路线，在掌握了一定的传球技术之后，尽量减少盲目地传球，保证成功率的基础上进行传球。

（4）在进行传球的时候需要时刻注意假动作的运用，掩盖进攻方传球的意图与路线，用假动作迷惑对方，以此来达到躲避对方堵截的目的。

六、掷界外球技术

掷界外球就是运动员通过双手将球抛入场内，恢复比赛的动作。在球员执行掷界外球动作的时候，必须面向球场站立，双脚的站位应在球场之外，双手抱球后引，同时发力，将球抛至场内，同时我们也可以人为地根据抛球动作的不同，将掷界外球分为助跑掷界外球和原地掷界外球两种。

（一）原地掷界外球

在原地掷界外球的时候，首先要面对出球的方向，双脚错开，脚掌最前端不要踏入场内。在掷球的时候，膝关节弯曲，双手持球，向后引球，收腹屈体，双臂急速向前摆动，在掷球的时候双脚一定要同时在地面上，不得离地（图 5–2–24）。

图 5–2–24

（二）助跑掷界外球

在进行助跑的时候，双手紧握球，防止球在跑动的过程中滑落，在跑动中的最后一步，同时将上半身后仰，将球向后牵引，双脚前后站位开立，用力将后牵引的球向前抛出，此时的动作与原地掷界外球相同。

在助跑掷界外球的时候，掷球队员可以在恰当的时机直接将球抛给准备射门的球员，该球员在接到来球之后可以直接完成射门动作。这种直接将球传给射门队员的技术具体有非常高的突然性与直接性，不仅能够给对方防守队员很大的防守压力，同时还能够增加直接得分的概率，但是这种掷球方式的缺点就是抛球队员与接球队员之间要能够有一个良好的配合，对于抛球的时间、速度、距离等都能够有清晰的判断。

七、抢断球技术

抢断球技术就是运动员在规则允许的范围之内，利用一切可以阻碍对方进攻的技术（身体阻挡、抢截球技术等），将球权夺回自己手中的过程。

（一）异侧脚铲球

在跑动的过程中，由于双方都想获得球权，那么两人都会尽力将球往前踢，这时，双方都会失去对球的绝对控制权，防守人在这个时候就应该根据与球之间的距离，同侧脚用力蹬出，异侧脚向前沿着地面滑行，用脚底将球铲出，在进行异侧脚铲球的时候，需要时刻注意保护自己的身体，因为进攻队员在初始速度比较大的情况下，防守队员突然进行异侧脚铲球，很可能会使进攻队员躲闪不及，造成防守队员身体的损伤。当防守队员完成异侧脚铲球动作之后，立即用手撑地起身，起身之后恢复到下一动作需要的身体形态和位置（图 5–2–25）。

图 5–2–25

（二）合理冲撞抢球

在真正比赛的过程中，一些合理的冲撞现象是很常见的，前提是合理的冲撞，这与犯规动作下的恶意冲撞是完全不同的。合理的冲撞球就是在运动员抢球的过程中，在规则允许的情况下，双方运动员可以利用肩部或者肩部以下腰部以上的位置，来冲撞对方的同等部位，最终达到获得球权的目的，这种抢球的方式我们称之为合理冲撞抢球。

合理冲撞抢球的具体技术动作为，防守者首先要将重心下移，使靠近对手的一侧手臂紧贴身体，在对方同侧脚离地的过程中，用肘关节以上的部位适当撞击对手的肩部，使之失去身体的平衡，趁此机会将球控制住（图5–2–26）。

图 5–2–26

（三）同侧脚铲球

防守人在不断跑动的过程中，对进攻队员的距离应该有一个相对明确的判断，审时度势，在对手不能马上触球的情况下，防守人可以采用同侧脚铲球的方式进行拦截。这一技术动作的需要防守人沿着地面向前面滑出，在滑出的同时，将脚向外摆动，用脚背将球踢出。在球离身体比较远的情况下，运动员也可以用脚尖将球捅出去，紧接着向对手一侧进行翻转，以此来保证身体的协调性，在倒地的时候，双手需要迅速撑地，然后逐渐恢复在下一个动作所需要的位置。

（四）正面上步抢断球

抢球者两脚前后开立，面向对方站立，两膝微屈，身体重心下降并置于两脚之间。当运球者和抢球者间的距离缩小到一定范围内（以伸腿可以触碰到球的距离为准）时，运球者脚触球后即将落地或刚刚落地时，抢球者后脚蹬地并跨步向前，以脚内侧去堵截球。堵住球时，另一只脚应迅速上步（图 5-2-27）。

图 5-2-27

八、守门员技术

守门员技术分为无球技术和有球技术两大类。无球技术主要有，准备姿势和移动动作。有球技术主要有：接球、扑接球、拳击球、托球、掷球和踢自抛球等。

（一）守门员无球技术动作方法

1. 准备姿势

两脚左右开立，约与肩同宽，两腿自然屈膝并稍内扣，脚跟稍提起，身体重心落在脚前掌上，上体稍前倾。两臂自然屈肘置于体前，手指自然张开，掌心向下，眼睛注视来球（图 5-2-28）。

图 5-2-28

2. 移动步法

为了尽早截获对方向球门前传来的球或接住对方射来的球，守门员必须根据比赛中的球和队员的位置变化，而随时调整自己的位置。向左右调整位置的移动，一般采用侧滑步或交叉步这两种步法。

（1）侧滑步移动

从准备姿势开始，两脚顺序向斜侧方移动，两脚与球门线成 60 度角左右。侧滑步移动多用于扑近侧来球（图 5-2-29）。

图 5-2-29

（2）交叉步移动

移动时，两脚交叉向斜侧方移动，两脚与球门线呈 60 度左右。多用于扑远侧来球（图 5-2-30）。

图 5-2-30

3. 选位

选位对守门员非常重要。应根据射门队员与球门角度以及距离选择位置（图 5-2-31）。

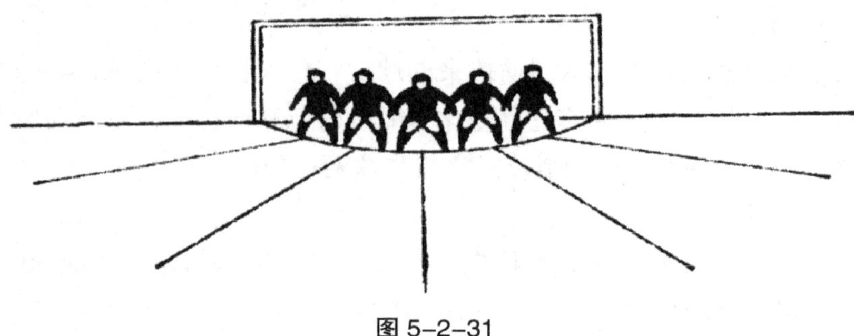

图 5-2-31

4. 接球手型

守门员能否将球接牢，接球手型是关键，具体手型可以参考图 5-2-32 中的样式。

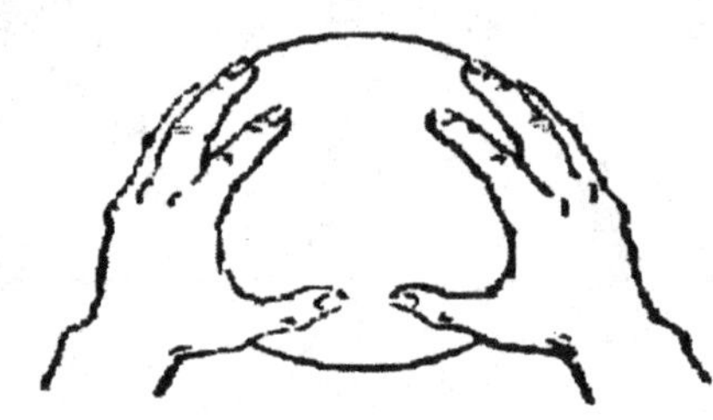

图 5-2-32

（二）守门员接球技术动作要领

接地滚球技术动作有直腿式和单腿跪撑式两种动作。

1. 直腿式接地滚球技术动作要领

准备接球时，两腿直膝自然开立，脚尖正对来球，上体前屈，两臂并肘前迎，两手小指相对靠近，手掌对球，在手触球的刹那，随球后撤并屈肘屈腕，两臂靠近把球抱于胸前（图 5-2-33）。

图 5-2-33

2. 单腿跪撑式接地滚球技术动作要领

准备接球时，身体正对来球，两脚左右开立，一腿深屈支撑身体，另一腿膝盖内转似跪撑，膝盖接近地面并靠近深屈腿的脚跟，上体前屈，手臂下垂，两手小指相对，手掌对准来球并稍前迎；在手触球的刹那，两手随球后撤并屈肘，屈腕，两臂靠近将球抱于胸前，然后起立（图 5-2-34）。

图 5-2-34

3. 接平直球技术动作要领

身体正对来球，两脚左右开立，上体微屈，两臂稍下垂并肘前迎，两手小指相靠，手掌对球。当手触球的刹那，两臂随球后撤并屈肘，顺势将球抱于胸前（图 5-2-35）。

图 5-2-35

4. 接高球技术动作要领

接高球技术主要包括不跳起接球和跳起接球。

（1）原地不跳起接高球技术动作要领

面对来球，两臂上伸；接球时，两手自然张开，两手拇指相对成八字型，手指微屈，手掌上端轻微触球，触球部位以手指为主（掌心不能触球）要接触球的中后部；当手触球的瞬间，手指、手腕适当用力将球接住，并顺势屈肘，下引，转腕将球抱于胸前。接两侧高球时，判断好球的运行路线，快速移动，两臂上伸迎球；接球时，手、臂弯曲，将球抱于胸前（图 5-2-36）。

图 5-2-36

（2）跳起接球分双脚起跳和单脚起跳

双脚起跳接球多用于接正上方的高球。接球过程可分为判断、踏跳、腾空、接球、落地五个步骤。最后将球收至胸前。单脚起跳接球应用范围较广，而且接球点比较高，多用接远侧高球、高吊球、传中球等。接球步骤与双脚起跳接球相同，只是用单脚起跳。跳起接高球技术动作要求基本与不跳起接高球技术动作要求相同。跳起接球时，应选好起跳点，掌握好起跳时机，保持身体在空中的平衡，跳至最高点时，伸臂展体将球接住，落地时，注意屈膝缓冲（图 5-2-37）。

图 5-2-37

5. 扑接球技术动作要领

扑球常常是守门员在通过移动无法及时接到球的一种补救方法。扑球是守门员技术中的难点，也是作为高水平的守门员必须掌握的一项技术。扑球时，守门员应尽可能地把球接住并控制好。扑球的动作方法有倒地侧扑球、跃起侧扑球和鱼跃扑接侧面平高球。倒地侧扑球，其特点是没有腾空动作，倒地速度快，适用于扑接离守门员身体较近而速度较快的低球，或者是出击扑对方脚下球。跃起侧扑球，其特点是有明显的腾空，适用于扑救距离守门员身体两侧较远的球。

（1）倒地侧扑地滚球技术动作要领

倒地扑球动作要领是做好准备姿势，两眼注视来球；扑球时，异侧脚内侧侧蹬发力，同侧脚屈膝迎球跨出，上体顺势压扑以加速重心的前移倒地，双臂同时迎出接球，腕关节稍内扣，用手掌挡压控球；触球后屈臂收球于胸前，并快速抱球起身；侧倒过程以小腿、大腿、臀部、肩和手臂外侧顺序缓冲着地（图 5-2-38）。

图 5-2-38

扑脚下球时，重心降低出击迎球，在对手起脚射门的瞬间，快速倒地侧扑封堵球路，将球接住或挡出，随即做屈膝团身动作进行自我保护。

（2）跃起侧扑球技术动作要领

跃起侧扑球的技术要领：首先判断球离身体的距离，以判断移动时是采用侧滑步还是交叉步。当身体重心倾移至同侧脚时，用脚外侧蹬地发力，使身体呈水平状向球腾空跃出；手臂伸出迎球，身体充分伸展，接球手型成半球状，靠压腕和手指用力将球控制住接稳；随重心的落降，开始落地缓冲，落地时，两手按球随即屈肘，以前臂、肩部、上体侧面、臀部、大腿和小腿依次着地，并要注意屈膝团身护球，再抱球起身。如果没有把握接住球，同样用双手或单手将球推击出球门（图 5-2-39）。

图 5-2-39

（3）鱼跃扑接侧面平高球技术动作要领

身体重心移向靠近来球一侧的脚上，该脚用力蹬地向侧面跃出，身体展开，两臂向球伸出，两拇指靠近，手指自然张开，手掌对球；当手触到球时，以扣腕动作将球接住；落地时，两手按压住球，前臂、肘、肩部、上体侧面和下肢依次着地，同时屈肘，转腕将球抱于胸前，并屈膝团身（图 5–2–40）。

图 5–2–40

6. 拳击球要领

拳击球通常用于出击时的防守，当球门前的来球位置比较高的时候，并且在球门前面没有对方球员争抢顶球的情况下，守门员可以采用拳击球的形式进行防守，这样不仅能够增加成功防守的概率，而且还能避免触球之后脱手。拳击球一般又可以分为单拳击球和双拳击球两种。

单拳击球技术动作要领：先判断球的运行路线并确定击球点，在起跳上升阶段，击球臂位于肩侧，屈肘握拳，体稍侧后转；当跳起接近最高点即将触到球前的刹那，身体快速回转，迅速冲拳，用拳面将球击向预定的目标（图 5–2–41、图 5–2–42）。

图 5–2–41　　图 5–2–42

双拳击球技术动作要领：双拳击球时，先判断球的运行路线并确定击球点，在起跳上升阶段，双臂于胸前屈肘握拳，两拳靠拢，拳心相对；当跳起接近最高点即将触到球的刹那，双拳同时快速冲击，以拳面将球击向预定的目标（图 5-2-43、图 5-2-44）。

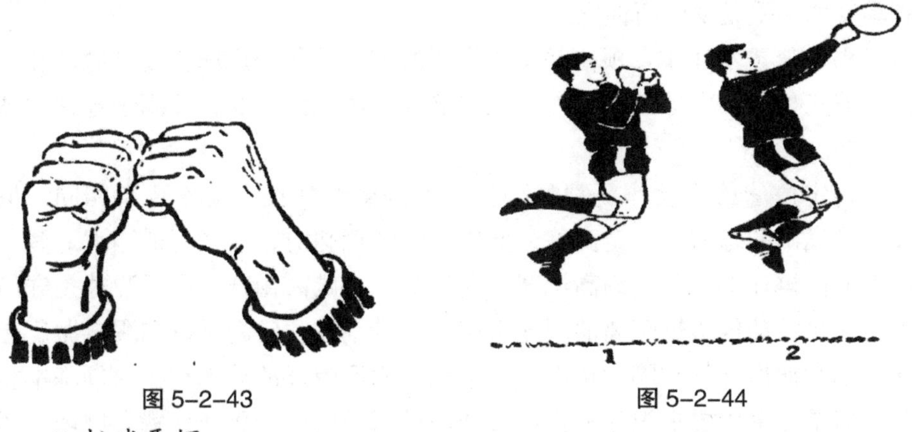

图 5-2-43　　　　图 5-2-44

7. 托球要领

托球一般用于临近球门的防守。对那些力量大、角度刁、弧度较大、贴近球门横梁和球门柱，守门员跳起接球把握不大的球，可采用托球。托球技术动作要领：跳起准备托球时多采用单臂，以提高动作速度和触球点的高度。首先判断球的运行路线并确定托球点，向后跃起，全身伸展成背弓，靠近球一侧手臂伸出迎球；触球瞬间，手腕后仰，掌心稍向上，用掌跟部顶推发力触球的下部，将球向侧或后方托出，使球越出球门横梁（图 5-2-45）。

图 5-2-45

8. 发球要领

发球是守门员组织进攻的常用技术手段，通常一个回合完成以后，由守门员首先进行发球。在守门员进行发球的时候需要遵循的一个原则就是能快则快，在没有条件的情况下，舍快保稳。守门员的发球动作一般分为脚踢发球和手抛发球两种形式。

踢发球技术动作要领：踢发球常用的方法有踢定位球，踢高抛球和踢反弹球三种。踢发球的力量大，距离远，方法灵活多变，适用于各种发球的需要。

踢定位球技术动作要领与脚背内侧踢定位球技术动作要领相同，但守门员发出的球需要一定高度，所以在踢球摆腿时，前摆可适当大一些，用力方向再往上一些。踢高抛球、踢反弹球：踢高抛球、踢反弹球是守门员把获得的球传给远距离的同伴常用的技术动作。踢高抛球和踢自抛反弹球的技术动作要领与脚背正面踢空中球和踢反弹球的技术动作要领基本相同，但是，由于要求把球踢得远，守门员都是向前方踢球，踢高抛球（图5-2-46）。

图 5-2-46

抛掷发球要领：为了争取时间组织快速反击，守门员经常把获得的球用手掷给同伴。抛掷发球出球快，准确性高，但力量较小，适用于中短距离的快速发球需要。抛掷球有单手低手抛掷球、单手肩上抛掷球和勾手抛掷球等三种。单手低手抛掷球技术动作要领：单手低手持球于体侧，两脚前后开立，两膝弯曲，掷球臂后撤引球，身体随之侧转，重心移至后脚；掷球时，利用后脚蹬地、转体、送臂和甩腕拨球的连贯发力将球掷向目标（图5-2-47）。

图 5-2-47

单手肩上抛掷球技术动作要领：两脚前后开立，两膝弯曲，单臂屈肘持球于肩上，持球臂后摆引球，身体随之侧转，重心移至后脚；掷球时，利用后腿蹬地、转体、挥臂和甩腕的力量将球掷向目标（图 5–2–48）。

图 5–2–48

勾手抛掷球技术动作要领：身体侧对出球方向，两脚前后开立，持球臂屈肘后引，身体侧转，身体随之侧转，腰部扭紧，重心移至后脚；掷球时，后脚用力蹬地，并快速转体，持球臂顺势由后经体侧向上呈弧线形抡摆，摆至肩上方时，持球臂继续前摆的同时，甩腕拨球，将球掷向目标（图 5–2–49）。

图 5–2–49

9. 守门员技术易犯错误

（1）接地滚球时屈臂收球不夹肘，使球从臂间漏掉。

（2）引撤缓冲时机不好，缓冲效果差。

（3）接平球时，手臂没有前伸引撤，球直接触击胸部。

（4）接球时手指过分弯曲，手型太小，接球不稳。

（5）接高球时肘外张，影响接球手型。

（6）接球手型后仰，拇指间距过大，接球脱手或漏球。

（7）跳起接球时，时机掌握不好，影响接球效果。

（8）侧扑地滚球迎球侧跨步时，上体不做压扑动作，影响倒地速度。

（9）接球手臂伸出不一致，影响接球手型，接球不稳。

（10）倒地时肘关节外展，导致受伤并影响控球的稳定性。

（11）鱼跃扑接侧面平高球，侧蹬发力时，身体重心侧移速度慢，影响蹬离速度，腾起效果差。

（12）腾空后团身，落降速度快，影响腾空接球动作的完成。

（13）接球手型不正确，接球不稳或脱手。

（14）拳击球时用手掌前部托球，力度不够。

（15）伸臂和顶托动作脱节，影响动作发力。

（16）双拳击球时，起跳时机把握不好，不能准确击球。

（17）冲击拳面不正或出球点没掌握好，影响击球的力量和方向。

（18）在守门员发球的时候，身体引球侧转身的角度不够，这在很大程度上会影响到出球的力量。

（19）有些守门员在投球的时候，会缺乏甩腕的动作，这样就不能保证出球的方向了。

（20）踢高抛球时击球时间掌握不好，击球部位不正确，踢出的球达不到理想位置。

10. 守门员技术练习方法

（1）准备姿势徒手练习，按照准备姿势技术动作要求做练习。要求动作幅度到位。

（2）按照教练手势做向左、向右、向前、向后的移动练习。移动时身体重心不要起伏太大，保持随时出击的准备。

（3）接同伴抛来或踢来的各种地滚球，做直腿和单腿跪撑接地滚球练习。要求体会动作要领，技术动作做到位。

（4）做接平直球和高空球练习，接同伴踢来的各种平直球和高空球。开始可做接距离较近，力量较轻的球，体会技术动作要领和手型；逐步过渡到距离拉大、加大力量的球。

（5）做移动中接同伴踢来的地滚球、平直球、高空球等练习，体会在移动中完成接各种不同性质来球的技术动作要领。

（6）两脚屈膝左右开立，上体稍前倾，双手举球倒地，做扑地滚球模仿练习。

（7）在垫上做各种扑球练习，扑接同伴手抛的两侧地滚球。体会扑接地滚球技术动作要领和要求。

（8）在足球场地上做各种扑球练习，扑接同伴脚踢的两侧地滚球，力量由小到大，体会扑接地滚球技术动作要领和来球的速度不同时所选择的到底时间。

（9）接同伴抛或踢来的两侧平直球，做跃起扑接两侧平直球，体会技术动作要领及接球时的手型和身体依次着地顺序。

（10）拳击球和托球练习，助跑起跳，单手、双手拳击吊球练习。

（11）助跑起跳，单手、双手拳击同伴抛来的高球。体会单手、双手拳击球的技术动作要领。

（12）助跑起跳，单手、双手拳击同伴抛来的高球，除体会单手、双手拳击球的技术动作要领外，更重要的是练习判断球的运行路线、落点和击球时间。

（13）同伴手抛高球，守门员练习向后起跳托球。

（14）踢角球、任意球时，守门员在人丛中练习拳击球或托球。体会对抗情况下的出击时间。

（15）按照踢发定位球、踢发高抛球和踢发自抛反弹球的技术动作要领练习各种踢发球。要求技术动作正确，踢发球准确到位。

（16）按照手抛单手低手抛掷球、单手肩上抛掷球和勾手抛掷球技术动作要领练习各种手抛掷球。要求手发球动作准确，发球准确到位。

第三节　高校足球实用技术的训练

一、接球技术训练

（一）抛接球训练

在进行抛接球运动训练的时候，需要两人面对面站位，距离大概在5米左右，一名队员用手向另一名队员抛球，另一名队员可以用胸部、腹部、大腿和脚进行接球，随着训练时间的不断增加，抛球队员可适当改变抛球的距离以及抛球的力量，更加全面地锻炼接球人的接球能力。

（二）跑动中传接球训练

在进行跑动中传接球运动训练的时候，需要两人一组，共用一球，在特定的空间范围之内进行跑动训练，在接球的时候，运动员要想提高接球技术，一定要尽量多的使用接球的方式与方法，这在一定程度上也要求传球队员抛出各种各样的球，在球速、传求距离、传球方向以及传球力量上都要有所变化。

（三）对抗中的接停球训练

在进行对抗中接停球运动训练的时候，教练员可以将练习者分为 4 人一组，传接球队员之间的距离在 18 米左右（需要根据运动训练的熟悉程度适当增加或减少队员之间的距离）。如图 5–3–1 所示，防守队员△与接球队员④相距 1 米左右，接球队员②先向后撤几步，然后突然启动向前跑动，接住从④队员传过来的球，并且竭尽全力将球控制在自己所能控制的范围之内，并在最快的时间内将球传给无球队员③，最后进攻队员与防守队员之间相互交换角色，进行接停球训练。

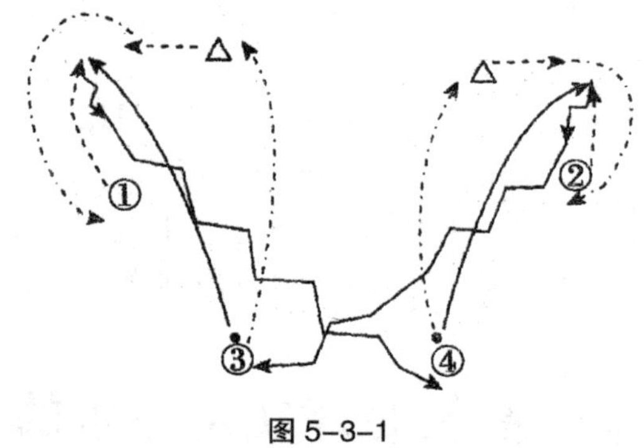

图 5–3–1

（四）接控球训练

如图 5–3–2 所示，在进行接控制球运动训练的时候，需要 4 人一组，呈 4 人一组进行站位，正方形的边长控制在 20 米左右（站位距离可根据运动员的训练水平进行适当改变），4 名队员需要站在正方形 4 条边的中间位置左右，由②号队员开始进行训练，①号队员沿着边线向前切入，②从其身后传斜线地滚球，队员①用同侧脚背外侧接球，向前运球，到边角附近。此时，另一队员④沿边线切入，①斜线传球给④。依次轮转训练，练习一段时间后改变跑动方向。

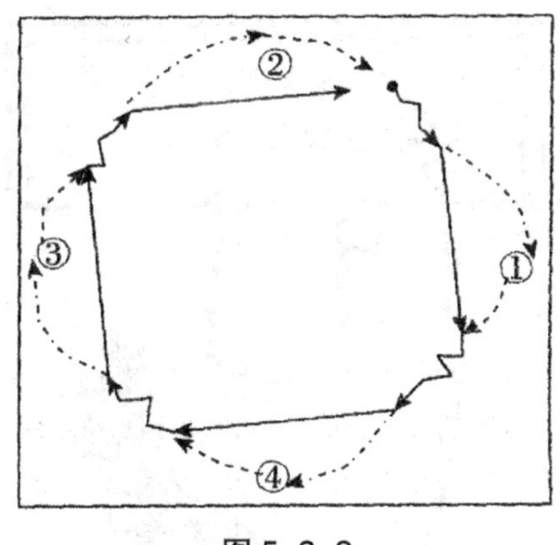

图 5-3-2

二、踢球技术训练

（一）无球模仿训练

在队员们进行无球模仿运动训练的时候，运动员要发挥自己全面的想象力，假设地面上有一个足球，在想象中勾勒出球的形状与位置，然后向前迈步做踢球动作，随着原地踢球动作的逐渐熟悉，可慢慢过渡到慢跑踢球模仿动作，随着时间的推移与练习的熟练度，最后可采用快速组跑的形式进行训练。在进行无球模仿训练的时候，需要特别注意的是，一定要发挥充分的想象力，能够想象到球真正摆放在自己的面前，并且在模仿踢球动作的时候，适当保持脚踝部位的肌肉紧张，使脚型能够固定在一个正确的位置上，这对于今后的实球训练具有非常重要的促进作用，并且对于防止脚踝部位的受伤也有非常重要的意义。

（二）踢固定球训练

一人把球踩在脚下，另一人用脚的不同部位踢球，体会脚的触球部位。

（三）射大球门训练

如图 5-3-3 所示，训练者需要在罚球区位置上，在球门与训练者之间插上两个小旗做标志，训练者首先第一步需要做的就是用脚抽射，使球绕过中间的小旗前进，将球射入门内，但是不规定从标志的左侧或者是右侧抽射，踢球的时候对训练者的脚法不做任何规定。随着训练程度的不断加深，足球教练可对训练者进行小旗左侧抽射进门和小旗右侧抽射进门的规定，逐渐提高训练的难度，在一定程度上提高训练者的实战能力。

图 5–3–3

（四）利用足球墙和标杆做踢旋转球的训练

可以将标杆插在踢球者与墙之间，标杆与人、墙之间的距离需要根据练习者自身的实际情况来定，在训练的初期可以适当增加一些距离，随着训练的逐渐加深，则需要慢慢缩短距离。在训练的过程中训练者可以利用足球墙进行各种训练，尤其是对于初学者来讲，使用足球墙进行训练能够保证在同样时间之内增加更多的锻炼次数，并且对于集中掌握各种足球运动技术也有很大的促进作用，同时这对提高练习者的球感也有一定的帮助作用。

（五）对墙踢定位球训练

对墙踢定位球就是要求练习者面对着墙，把球放在地面上，然后利用助跑动作，逐渐靠近求，将球踢出（图 5–3–4），在刚开始进行训练的时候，离墙的距离不要太远，一般需要五米左右的距离就可以了，用力不要太大，争取将球踢出去之后能够用手接住，如此往复练习，当训练熟悉之后可以逐渐增加球与墙之间的距离，然后踢球的力度也逐渐加大。紧盯对墙踢定位球练习的主要目的就是能够使初练者体会到踢球的整个过程，使运动员能够掌握基本的踢球技术，随着练习的不断深入，可以将地滚球逐渐变成半空球，并且能够熟练运用各种踢球的技术。

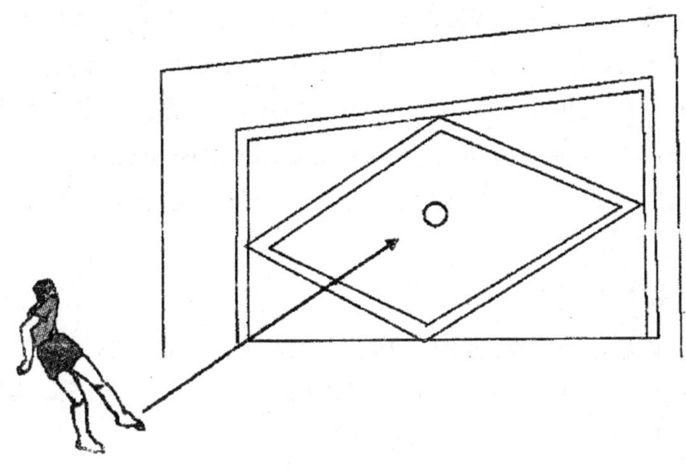

图 5-3-4

（六）踢地滚球训练

通过适当的观察，判断出来球的方向与速度，将自己的协调能力进行调整，进一步根据来球的方向确定好支撑脚位置的变换，在进行地滚球训练的时候，一定要学会尝试接受多个方向的来球，包括正面、侧面，以及侧后方的来球，在日常的训练过程中，还可以适当增加一些训练的条件，比如运动员在接球的时候必须规定好所使用的脚法与站位方式等，同时还可以根据场上来球方向、速度的不同选择恰当的方式进行接球。

（七）各种脚法的两人训练

无论是传球射门训练还是其他形式的射门训练，在进行训练的过程中，队员都可以找一名同伴进行两人训练，当两名运动员进行踢定位球训练连的时候，在训练过程中可以穿插适当的接球训练，当在行进中进行踢球运动训练的时候，则可以适当穿插一些定位球的训练。将两种踢球方式进行交替训练不仅能够增加运动员进行训练的乐趣，同时还能达到最好的运动训练效果。

三、运球技术训练

（一）跑动中运球训练

在分两组进行运动训练的时候，两队的队员应间隔一定的距离进行站位，每人分得一球，一队队员的第一名运动员需要沿着直线向另一名队员带球跑动，当到达场地对面的边线时，另一队队员则开始向反方向运球，为了能够进一步增加运动训练的难度，教练员可适当要求一些能力较强的运动员进行左右脚交替运球，或者是要求运动员提高运球的速度，延长运球的距离等，在提高运动技术的同时，增加运动员的体能训练，一举两得。

（二）拉球训练

在教练员制定的运动范围内进行自由运球，听到教练员的哨声响后，用一只脚作为支撑脚，另一只脚的前脚掌触球的顶部，逐渐向后拉球，在拉球的运动进程中前脚掌围绕球做圆周运动。

（三）拨球训练

在特定的区域范围内进行自有运球活动，当听到教练员的哨声响起之后，用一只脚做支撑脚，另一只脚的脚背围绕球做圆周运动，在训练的过程中可分组进行，让运动员进行拨球比赛，在双脚交替进行的情况下，选出成绩比较优秀的运动员，为其他球员进行示范，增加运动员的学习积极性。

（四）快速转身运球训练

在进行快速转身运球训练的时候，需要分两组队员进行训练，两队的队员之间要保持一定的距离进行站位，一字排开，各队的队员前面 13 米处左右放置一根旗杆。两队中最前面的队员带球向旗杆跑去，在带球跑动的过程中不要将球带丢，到达旗杆之后，迅速运球转身，然后径直跑向自己的队伍，将球传给本队的第二名队员，第二名队员在接到传球之后，重复第一名队员的动作，依次进行到最后一名队员（图 5–3–5）。

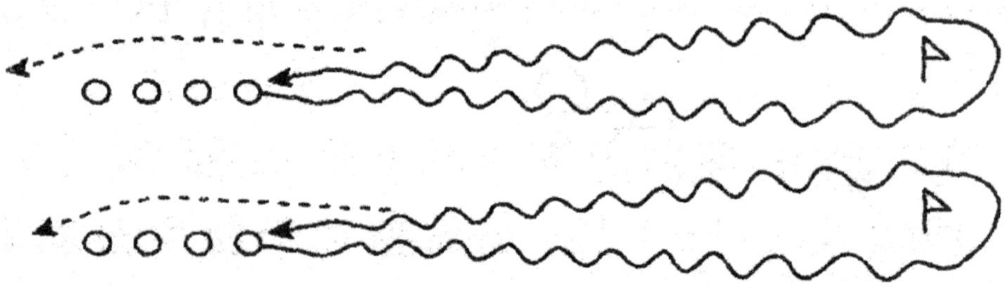

图 5–3–5

（五）扣拨组合训练

在进行扣拨组合训练的时候，教练员应将球分发到每位运动员手中，让运动员沿着折线的路线进行运球，在运球的过程中不断变换运球的方式，可以用脚内侧运球、可以用脚外侧运球，也可以用脚背进行运球，将多种运球方式进行组合训练的优点就是能够最大限度地模仿真正比赛时候的状态与带球方式，增加运动员比赛时的熟练程度。

（六）运球变向训练

在进行变向运球训练的过程中，教练员需要用一个类似圆锥的标志物将特定区域规划出一个边长 25 米左右的正方形场地，并且将运动员分成 4 组进行训练，4 组的队员分别站位在正方形的四个角，在正方形的中心放置两个足球，一名队员向球跑去，将其中的一个足球用脚带走，将球传至对角线的第一名队员，完成传球之后跑到该组的队尾，另外两组队员同样使用这种方式进行训练（图 5–3–6）。

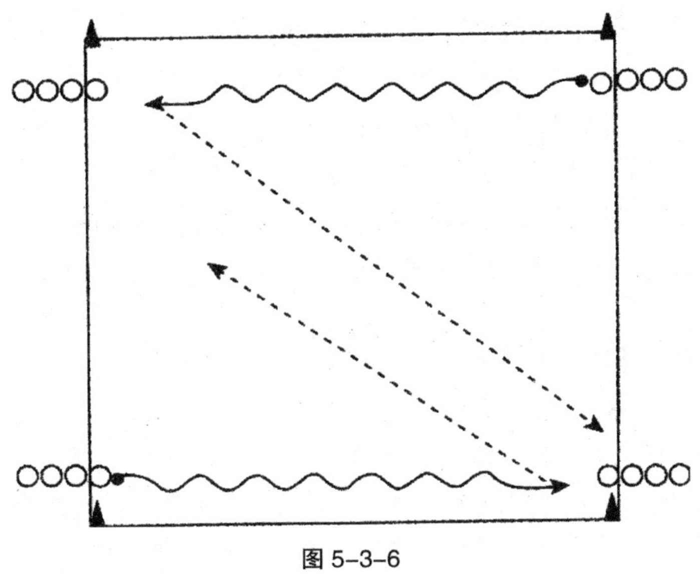

图 5–3–6

（七）运球过人训练

如图 5–3–7 所示，将特定的某个可用来训练的区域划分成 30 米 ×20 米的矩形场地，同时将运动员分成人数相等的两队，分别站在两条相对应的边线外面。教练员将球分为其中一名队员，该名队员运球扮演进攻一方，与之相对应的球员扮演防守一方，进攻队员需要带球突破对方的防线，防守一方需要运用阻拦技术将球截下，一旦拦截成功或者是进攻突破成功则双方互换角色，继续进行下一组游戏，一直到两组队员都能扮演进攻或防守的机会，则游戏结束，获胜次数较多的一组为获胜组。

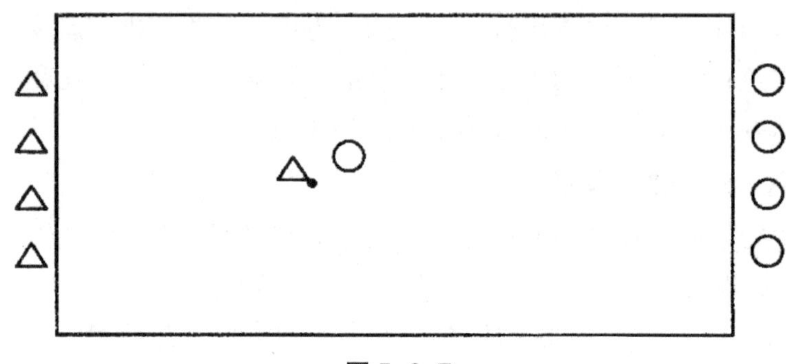

图 5-3-7

四、头顶球技术训练

（一）个人头顶球训练

在进行头顶球技术训练的时候可以采用以下几种训练方式。

（1）利用足球墙进行训练，将球跑向足球墙，用头接球，并将球顶回墙上，利用墙自身的反弹力，持续进行顶球训练。

（2）用双手持球，将球高高抛起，用自己的前额顶球，双眼注视球的行进方向，增加头顶球运动训练的专注度。

（3）利用吊球进行头顶球训练，适时改变吊球架上足球的高度，进行各种球速的头顶球训练。

（二）两人头顶球训练

在进行两人头顶球运动训练的时候，可两人一组，并配备一个球，两人面对面站位，站位相距大概 5 米左右的距离，随着训练程度的逐渐加深，可适当加大站位的距离，由一人抛球，另一人用头将球顶回。还可以采用头顶球射门的训练方式进行头顶球训练，由一名队员将球抛向空中，另一名球员从适当距离处跑来，在罚球区之内将球顶至球门内。

（三）多人头顶球训练

在进行多人头顶球运动训练的时候，我们可以采用多种方式，下面列举运动训练效果较好的几种方式（图 5-3-8）。

多人头顶球训练方式

两人或两人以上在一起进行抛球一头顶球练习，这样可以培养对运行中球的速度、轨迹的判断能力，身体摆动协调正确及出球的准确性等。

顶球射门练习。顶球队员站在罚球弧附近，掷球队员站在球门内或球门侧面将球抛至罚球点附近，顶球队员跑上顶球射门。

两人一球，相距20米左右，甲传高球飞向乙，乙再顶回给甲。数次后轮换传、顶球。

向后蹭顶球。三人一组排成一条直线，各相距10米左右，甲抛球给乙，乙蹭顶给丙，丙接球后再给乙，乙又蹭给甲，如此循环往复。

争顶球练习。三人一组，一人传球，另两人与传球人相距20米以外。传球队员传出高球，两人争顶(一人防守，一人进攻)。这种对抗性的练习，更接近比赛实际情况。可将上述练习移至门前，一人在侧面传高球(或踢角球)，另两人在罚球点附近，其中一人向外顶球，另一人向球门里顶球。

鱼跃头顶球练习(在垫上或沙坑里练习)。先进行鱼跃落地动作练习。较好掌握落地动作后，一人抛球，一人在垫上进行鱼跃头顶球练习。最后从原地过渡到跑动中鱼跃顶球练习。

图 5–3–8

五、抢断球技术训练

（一）原地抢球训练

在进行原地抢球运动训练的时候，首先教练员要将球放在甲队员的脚前，乙队员站在与甲队员相距 5 米左右的距离，甲向前运球。乙则运用抢断球技术，阻碍甲向前带球，该训练不仅能够让甲体会到带球进攻的感受，同时也能够让乙体会到防守的感觉，甲乙双方球员可交替进行。

（二）运动抢球训练

在进行运动抢球训练的时候，需要两名队员，训练者相对站立，由一人运球向另一人跑去，另一人则需要选择一个恰当的时机或者距离进行抢球。当两人都有触球的机会时，抢球队员则需要进行提拉球，将球拉过带球人的脚面，并将球控制住。经过长时间的训练之后，两人可交替变换角色进行训练，全面提高运动员的抢球水平。

（三）侧后追赶抢球训练

练习者一人直线带球向前跑动，另一名队员由后向前追赶，并在一些恰当的时机进行一些合理的冲撞，运用冲撞抢球要在足球运动规则允许的范围之内，最终达到抢球的目的。在进行侧后追赶抢球运动训练的时候，带球人要适当给抢球人一定的配合，循序渐进地增加训练的难度，让抢球者能够在每一次训练中都能够得到水平的提高，训练的速度也应该循序渐进地进行，由慢速逐渐过渡到快速训练。

（四）慢跑合理冲撞训练

两人同方向慢跑，在跑的过程中两人可做适当的合理冲撞，体会冲撞的时机和冲撞的部位以及冲撞时如何用力等。

（五）铲球训练

每个人分配一个球，然后将球放在运动员的面前，练习者选择一个适合自己的位置进行原地铲球训练。经过一定时间的训练之后，运动员对原地铲球技术的掌握已经非常熟悉了，随后运动员可沿地面慢慢将球抛出，然后练习者在跑动过程中将球铲掉，以此来体会行进中铲球动作的要领，在运动员熟悉了铲球动作之后，可继续使用这种方法对球进行相应的控制和传球。

（六）争抢球训练

当运动员听到哨声响起之后，应马上向足球跑去，以最快的速度到达足球前面，同时在跑动的过程中，两名队员还可以适当进行一些冲撞，阻挠对方进行球权的控制，尽自己最大的努力，在规则允许的范围之内，将球控制在自己的脚下。经过一段时间的训练之后，运动员对这种训练方式就会有所接受，这时，我们就可以将静止的球换做运动中的球，教练员将球向前踢出，两名队员向前追赶球，在跑动的过程中同样可以采取一些在规则允许范围之内的合理冲撞手段进行干扰，力争将球的控制权夺回自己的手中。

第六章 高校足球实用战术教学与训练

在足球运动中，战术的重要性是大家有目共睹的，战术的成功与否对于足球比赛的胜负具有决定性的作用。所以，在高校进行足球运动训练的过程中，我们一定要加强学生对于足球战术的理解和训练，使学生的足球水平能够得到进一步提高。

第一节 足球运动战术的基本理论

一、足球战术的概念

所谓的足球战术就是运动员运用自身的判断或者是临场的局面变化，然后运用自身足球技术的特长，通过队员之间的相互配合，最终达到取得比赛胜利的目的。从足球战术的定义中我们不难发现，要想取得比赛的胜利，对于场上比赛情况的把握是非常重要的，从另一个层面来讲也就是足球运动员对于战术掌握的灵活性决定了比赛的胜负，较高程度的灵活性更加主要的是体现在足球教练员的战术指导能力以及足球运动员自身的身体素质和执行战术的能力。

足球战术意识从另一个角度来讲也被称为战术素养，战术素养就是在整个比赛的进程中，能够根据对手的能力以及场上比赛形式的变化，制定出随机应变的措施，供运动员执行，并且需要根据不同的情况来制定或执行最佳的行动方案，找到最为恰当的与同伴配合的方式。

二、足球战术的分类

进攻与防守之间的矛盾性在足球比赛中是一直存在的，也就是说在进行足球比赛的过程中，足球运动员不是进行防守战术就是在进行进攻战术。

因此，我们就可以将足球的战术分为进攻战术和防守战术两大类。在进攻战术中还包含个人进攻战术以及整体进攻战术，防守战术也可以分为个人防守战术以及整体防守战术两种形式。

三、足球战术指导思想

能够决定足球比赛胜负的因素是多种多样的，足球技战术水平以及运动员的执行能力对于足球比赛成绩的胜负影响是大家公认的，但是除了这两点之外，足球运动员的心理素质以及临场应变等能力也是非常重要的，足球运动员的身体素质好坏，在一定程度上决定了足球运动员技术水平的高低，技术水平的高低同时也决定了比赛的胜负，所以，对于足球运动员身体素质的培养也是十分有必要的。

随着社会的不断进步与发展，加之足球运动员的训练水平不断提高，单就身体素质而言，运动员与运动员之间的差距已经被逐渐缩小了，如果单靠身体素质就能够称霸足坛，这个时代已经过去了，所以，在身体素质影响因素不大的情况下，足球战术运用的得当与否，将会直接决定比赛的胜负。

战术的指导思想就是在进行教学实践的过程中所应遵循的基本原则，这也就说明了足球运动员的战术指导思想在教学工作当中是一项非常重要的工作。正确的战术指导思想在一定程度上是从教学经验中不断总结出来的。

随着竞技体育的不断发展，足球也得到了进一步的长足发展，足球运动在世界范围内都有非常多的受众群体，中国作为世界第一人口大国，如果在足球水平方面落后于其他国家，肯定会有失大国风范。要想真正取得足球比赛的胜利，勇猛顽强、能攻善守，机动灵活的战术是取胜的关键，在我国高校足球运动课程教授的时候，教师要更加注意增加学生对于战术层面的培养，只有这样才能够全面增加学生战术的水平。

近年来足球战术取得了长足的进步，在世界大赛中我们都能够看到一些比较新颖的打法和战术，这是世界顶级足球团队根据自己的经验以及对于世界足球特点总结所得出的战术精华，但是无论战术经过什么样的变化与变迁，在执行的时候一定要在特定的思想框架之内进行，具体的战术思想指导如下所示。

（一）勇猛顽强的指导思想

众所周知，足球运动的特点是对抗性强，竞争激烈，足球运动员勇猛顽强的作战风格对于足球比赛的胜利具有决定性的作用。在足球战术的运用过程中，足球运动员的战术、技术、身体素质、心理意志等都对足球比赛的胜利具有非常重要的作用，但是在众多取胜因素当中，勇猛顽强的作风却是最为关键的取胜因素。所以，在教师对足球运动员进行培养与训练的时候，心理的训练也是十分重要的，对于运动员作风的培养应该占到整个运动训练的大部分。

所谓勇猛顽强的作风就是在任何条件下足球运动员都能够做到临危不惧，保持平和心态，在比赛的过程中都能够斗志昂扬，保证参与比赛过程中精神面貌的积极性，这种勇敢顽强的作战风格是每位足球运动员都应该学习的。

现代足球快速发展要求运动员能够在比赛过程中做到攻防兼备，并且这种攻守体质已经与优秀的足球运动员融为一体，在进攻的时候要迅速、准确，在防守的时候要围追堵截。在由攻转守的时候，也要就地返抢，这种战术已然成为现代化足球运动的新趋势。

（二）机动灵活的指导思想

机动灵活的战术指导思想就是在任何情况下足球运动员都要学会扬长避短，随机应变，想尽一切办法在规则允许的范围内，取得比赛的胜利，机动灵活的指导思想需要遵循以下两个原则。

1. 重视对运动员心理的培养

足球运动员的心理因素对于比赛的影响非常大，这就要求教练员在对运动员进行训练的过程中注重对心理的培养。运动员在训练的日常中可以进行一些比赛环境相对复杂的训练，教练需要人为地对训练进行干预，以此来锻炼足球运动员的心理素质，核心球员需要具备的基本条件是顽强的斗志、绝对的领导能力、娴熟的技巧、灵活战术的掌握等。

2. 认清自己，了解对手

古代就有“知己知彼，方能百战不殆”这一说法，对于足球运动来讲就是足球运动员在进行比赛的过程中，运动员需要对自己有一个清醒的认识，同时对于对手也要有一个深入的了解，只有了解到自身的长处与对手的短处之后，才能够在比赛中找到进攻与防守的要点，这也是足球比赛能够取胜的重要依据。

（三）快速准确的指导思想

进行足球比赛的最终目的就是要比对手进更多的球，要想取得比赛的胜利确实是一场鏖战，现在足球的防守战术愈发严谨，防守队员的身体素质与防守动作也愈发强悍。足球运动员在进攻的时候，要想轻而易举地获得机会，也并非易事，为了能够在种种不利因素下完成射门的任务，进攻一方就要采取快速进攻的战略。我们所讲到的快速进攻中的“快”包含了很多含义，这种快就是反应的速度、动作的频率、配合的速度等。在比赛过程中只要比对手快一点，甚至是零点几秒钟，就可能会获得射门的机会。

要想在比赛中实现“准确”的目的，首先需要保证神经的高度灵活性以及身体素质的不断提高，运动员只有经常接受高水平的足球运动指导才能够在一定程度上取得比较力量的比赛成绩。

“快速”和“准确”两个因素是密不可分的关系，也是两个重要的取胜因素，只有将两者全面结合才能够真正发挥出快速和准确这两个因素的重要作用，只是快而不准确是不能发挥技术和战术作用的，而只是准确而不快，则会在很大程度上贻误战机，给对手留下进攻与防守的漏洞，所以，既快又准才是战术指导的基本原则。

第二节　高校足球实用战术的教学

良好的战术素养与应用是足球运动员技术发挥的重要保证，也是获得网球比赛胜利的必要条件。通过对足球运动各种战术的合理运用，不仅能够使足球运动员的各项技术得到合理衔接，同时还能够在一定程度上提高足球运动员的综合运动能力。

一、足球比赛常用阵型教学

比赛阵型就是本方的教练根据双方队员比赛的特点，科学地制定出能够取胜的整体方案，方案包括运动员的位置变换、战术执行以及身体素质的加强等。

在原始的足球比赛过程中是没有阵型存在的，每位运动员也都会出现在自己应在的位置上，但是某些运动员总归是没有接受过良好的、系统足球运动教育，所以可能会出现站位重复的现象，后来经过人们长期的实践经验表明，人们逐渐发现了一种更加合理与科学的站位方式，也就是说整场都需要专门负责进攻的球员，另一部分球员专门进行防守动作。

在今后的比赛过程中也就逐渐出现了“阵型”的概念，随着足球运动的不断进步与发展，阵型也发生着重大变化，往往一个球队的阵型能够取得大多数的胜利时，其他球队会纷纷效仿，现在世界范围内比较常用的几种阵型有“四二三一”阵型、“四四二”阵型、“三五二”阵型与“四三三”阵型（图 6–2–1）。

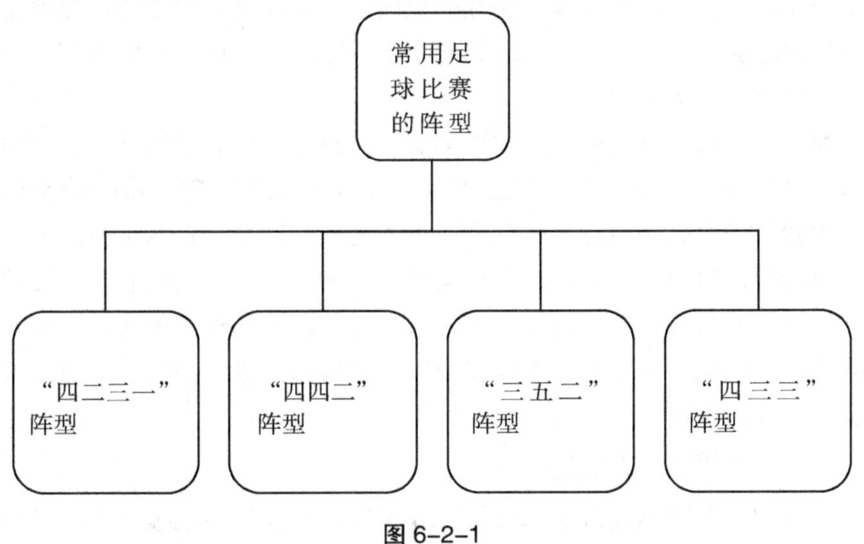

图 6–2–1

（一）“四二三一”阵型

“四二三一”阵型[①]已经成为现今国际足坛的主流阵型。在这一阵型中各位置球员的主要职责如下。

① “四二三一”阵型实际上是由传统的“四五一”分化而来。边后卫与中卫的职责和打法一般采用区域与盯人相结合的混合防守体系。双中卫主防对手两名中锋。中锋拉边或回撤分别由边后卫和前卫一起看守，两名边后卫固守边路。

1. 前卫队员的职责

两名边前卫主要是在两侧的边路进行活动，但是到了防守阶段的时候，我们应该及时的从中场进行撤离，以此来防守与对方的边路进攻，最终形成“四五一”阵型。由防守转向进攻的时候，则需要积极向中场压上，以此来保障中场进攻的主动性以及自身的优势。

前腰队员在比赛进攻中是另一把利器，前腰队员主要负责的是中前场进攻的组织与发动工作，与同一侧的前卫和前锋组成有球区域的进攻方略，尤其是从后面突然插上来突破中路的防线，创造出更加合适的射门机会，最后两名后腰队员执行的则是防守的职责，在进攻方，其中一名后腰可前叉参与进攻的组织与执行工作。

2. 后卫队员的职责

后卫的职责与“四四二”阵型基本上是一样的，但是“四二三一”阵型中对于边后卫的技术要求会更加的全面，后卫球员在比赛的过程中需要整场来回跑动，所以出色的身体素质是做一名优秀后卫最基本的保障。

3. 前锋队员的职责

前锋位置的排列形式以及主要职责、打法主要体现在以下几个方面，制造中路的传球空当、对于门前 30 米区域的反复拉插等，在一些有球的区域内随时可以有队员插上，保持两个人的紧密联系，在队员得到球权之后可以进行二过一的配合，或者在运球过人的时候，进行强制性的突破，对于射门的战机有及时的把握。在路边通过与同伴的相互配合，突破对方的防线，进而吸引防守人，为同伴中路插上射门，进而创造出有力的进攻机会。

（二）“四四二”阵型

“四四二”阵型起源于 20 世纪 90 年代，这种阵型延续至今，仍然是世界上很多顶尖球队所采用的战术形式。这种阵型之所以能够得以流行，其自身的优点是不容忽视的，比如中后场的防守强度变得更强。后来，经过人们的逐渐改进，这种阵型也逐渐衍生出更多的阵型，在各种阵型逐渐改变的过程中，变化最大的是中场四人的站位方式。每种阵型的变化目的就是能够最大限度地去扬长避短（图 6-2-2）。

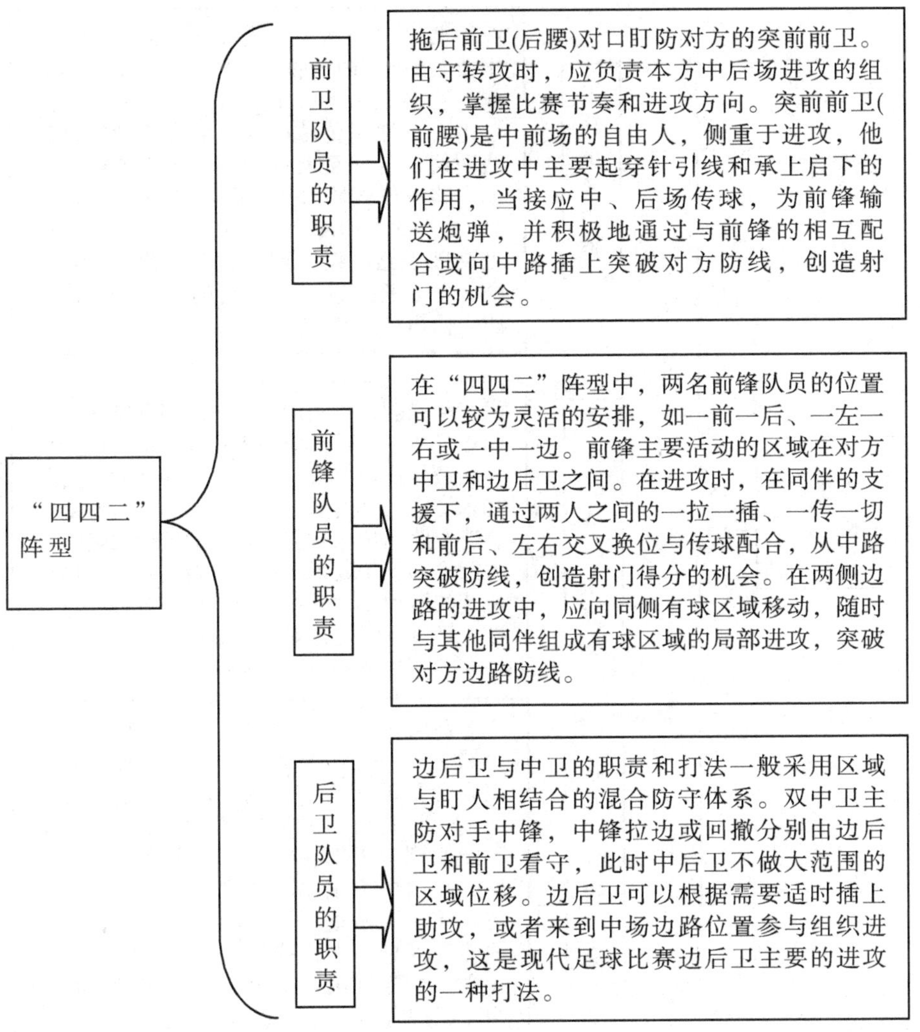

图 6–2–2

（三）"三五二"阵型

"三五二"阵型有很多特点，其中前场人数较多是最为突出的特点，同时也是"三五二"阵型区别于其他阵型最为明显的特点之一，严格来讲，"三五二"阵型是一种控制型的阵型，在比赛的过程中有利于赢得中场攻防的主动性，攻防转换在速度上占有很大优势，能够最大限度地保持攻防两端的动态平衡，这种阵型的成功实施需要三名能力相当的后卫队员，或者是在由攻转守的时候能够快速回到协防位置的队员，每个队员都需要在自己位置上履行好进攻或者是防守的职责，队员位置的职责如下（图 6–2–3）。

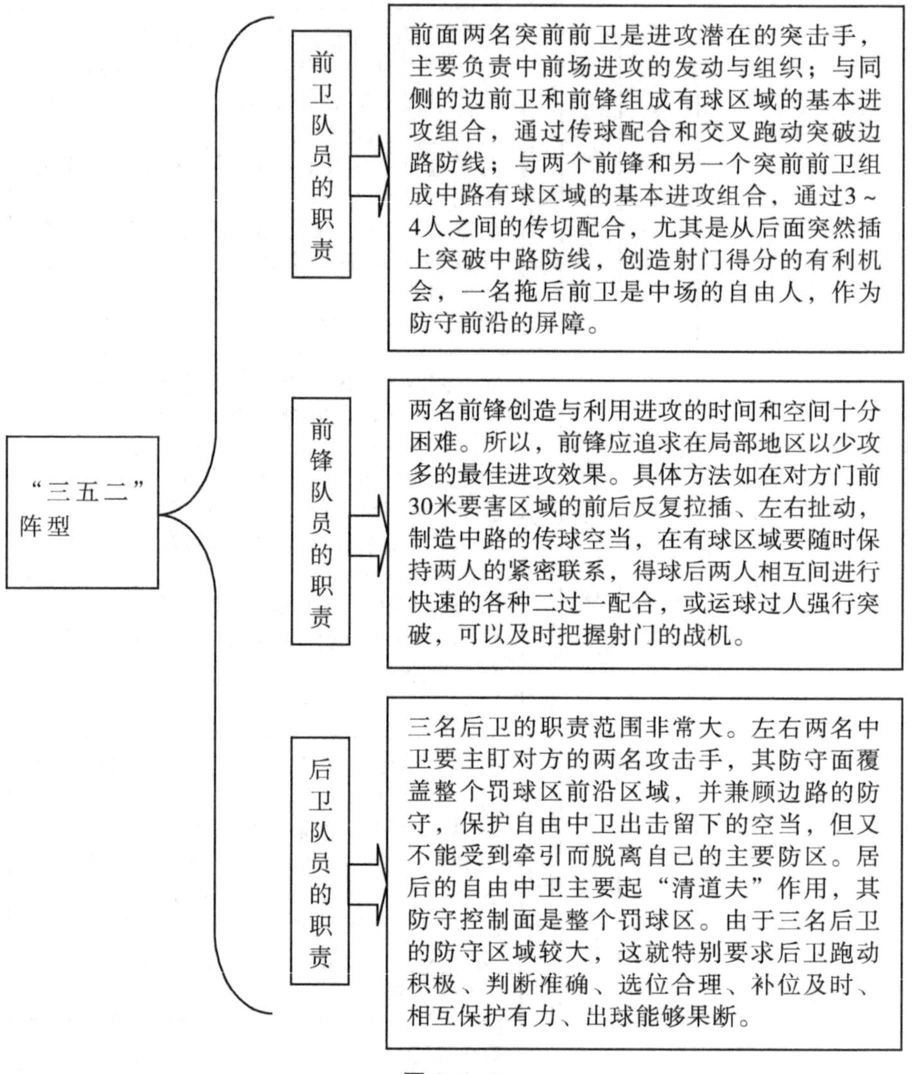

图 6-2-3

（四）“四三三”阵型

“四三三”阵型最早是由荷兰队开始运用的，这种方式的娴熟运用不仅给当时的足球运动带来了很多改变，而且“四三三”阵型的运用也得到了很多球迷的追捧。这种阵型的最大优势就是可观赏性比较高，全员都能够积极参与到攻防两端的各种配合当中去，能够切实体现出团队作战的效果，积极发挥出团队在作战中的优势，由于这种阵型是全员都能够参与的阵型，机体联动使得球队的攻防机动性很大。

1. 前卫队员的攻守打法

“四三三”阵型中的一名前卫在进攻中要稍落后于另外两名前卫，这样三名前卫在进攻中就会形成一个三角进攻的队形。位置稍靠后的前卫队员防守重点是为中路进攻，并且根据球的移动方向进行位置上的变更，弥补前面两位进攻前卫中间的空隙。

在进攻端，后面的前卫对官员要向着球移动的区域进行移动，接应和支援同伴积极参与进攻，两名边前卫要对应地盯住对方的前卫，阻击对方在中场的进攻，更好地协助边路的防守。

在进攻的时候，要尽可能地发动中场进攻，接应好本队的前锋，并且还要通过与同伴之间的配合，打破对方的防线，获得射门的机会。另外两名前卫队员在防守端也要相互进行配合，切断对方的传球，在进攻一端选择恰当的时机的位置进行助攻。

2. 前锋队员的攻守打法

两名边锋主要活跃在球场两边的区域，他们最主要的责任就在于通过快速突破或者与队员完成配合之后进行快速突破。边锋的球员需要具备较强的跑动能力，并且还要适当地增加一些其他动作，以此来吸引对手的注意力。当中路进攻的时候，应该和中锋进行相应地配合，并且及时包抄侧翼，抢点射门。

3. 后卫队员的攻守打法

两名后卫在守住对方边路进攻的同时，还需要兼顾中路的防守，进而调整好和中卫之间的站位问题，保持高度的注意力，随时找到补位的机会。在防守逐渐转为进攻阵型的时候，根据战术的需要及时进行位置上的变动，两名中卫可由一人承担后腰位置的职责，进行进攻组织的工作。

二、个人战术教学

（一）个人进攻战术

1. 传球

传球在足球运动中的重要性是大家有目共睹的，能够完成战术执行的最基本要求就是传球的质量，如果我们要想传出一些质量比较高的球，球员不仅要掌握正确的传球技术，并且对于传球时机、传球目标以及传球空间的要求也会有比较高的要求。

（1）传球目标的选择

在比赛的进程中，传球目标一般分为空当传球和脚下传球两种方式，向前方空当传球的威胁是比较大的，虽然这种传球方式的威胁比较大，但是成功率并不高，容易受到对方球员的干扰，为了能够全面掌控比赛的节奏，同伴之间最好还是进行一些横向的传球，从这个就角度出发，我们就能够清晰地认识到，需要将脚下传球和空当传球两种方式进行有机结合，只有多种传球方式相互结合，才能够迷惑对手，达到最佳的战术效果，当然比赛场上什么情况都可能会发生，对于具体的情况我们还需要进行适当的调整和分析。

（2）传球时机的掌握

掌握好传球时机，将直接影响到传球的效果以及战术配合的成败。比赛中传球的时机主要包括以下两种情况。

①当出球人发现对手出现空当之后要马上进行传球，并指挥相应的接球队员进行位置上的变更，做好接球的准备，实施战术的意图，比如进行转移进攻，快速反击等等。但是在进行传球的时候，速度一定要快，动作也一定要迅速，在接近球的时候进行适当的加速，否则被对手识破之后，进攻节奏就会被打破，战术执行也会有很大的难度。

②跑位在先，传球在后。也就是说当同伴主动跑向某一个空当的时候，持球人应当马上向该队员进行传球，如果同一个接球的位置上出现了好几名接球队员，那么，持球人应当选择这几个人当中站位最有威胁性的人进行传球。

2. 运球突破

所谓的运球突破就是进攻队员全面运用个人的技术来突破对方的防守，创造出对本队更加有利的进攻机会，运球突破技术是威胁性很高的个人战术，也是难度比较大的个人行动。一般来讲，一个成熟的球队当中，前腰、前锋以及边锋球员的能力要求都会比较高，这种运球突破的技术通常也会被用作战术的起始。

（1）运球突破的条件

运球突破对于比赛的意义是非常重大的，但是这种进攻方式也需要满足一定的使用条件，只有在恰当的时机使用运球突破技术，才能够真正发挥出它的威力，如果球员在不分场合与时机的情况下，一味地进行运球突破，不仅很难达到进攻的效果，而且对于战术的执行也会有很大的阻碍。一些运球突破的条件具体如下所示。

①本队进攻球员在前场得球后身边并没有队友及时跟上接应，此时应果断选择运球突破。

②在中、前场得球，对方采取造越位战术，同伴又处于越位位置时，此时应选择运球突破。

③控球队员在对方罚球区附近，而防守队员身后又有空隙，突破后即可射门时，应该大胆突破。

④控球队员在对手紧逼盯抢而失去传球角度时，应果敢地向前突破。

⑤控球队员处在一对一的情况下，一旦突破即可传中或从中路长驱直入逼近对方球门时，应大胆运用运球突破。

（2）采用运球突破的注意事项

①在面对防守人的时候，一般防守人都是背对球门的，一旦进攻球员在适当的机会获得了进攻的机会，防守球员再次进行补防的时候，首先需要做的就是转身动作，简单的一个转身可能就会失去一次很好地补救机会。这个时候，进攻球员就要适时抓住进攻的机会，充分利用好自身的速度优势，尽最大可能突破对面球员的防守。

②把握住稍纵即逝的有利时机，具体时机就是当对面的防守队员距离控球队员一米也就是一大步左右，此时，拦截的对手真处于一种犹豫不决或者是正试图与自己夺球的一瞬间，是突破的最佳时机。

③一定要有过硬的控球技术，时刻掌握球的动向，只有这样才能做到随时准备突围，即使无法突围，也能保证球不被对方拦截，造成失误。

④运动员要有过硬的突破技巧，能够做到随机应变，根据对方的防守状况，掌握有利时机，迅速突破对方防守。

⑤运动员在准备要突破对方的防守时，一定要果断迅速，一旦成功，迅速传球配合，如果能射门就要把握时机立即射门。

⑥正确运用突破的技术，才能达到想要的结果。

3. 射门

在一场足球比赛当中，决定比赛结果的就是射门的成功与否，成功多的一方也就意味着比赛的胜利，因此，所有球员的战术配合，最终目的都是为了射门成功，所谓射门，就是比赛过程中，一方运动员将足球有目的地踢向对方球门的行动。

（1）射门的技巧

射门的方法与技巧是多种多样的，在进行比赛的过程中我们要根据场上的实际情况适时地选择射门的角度与力度，大力量进行射门看起来可能比较有威胁，但是射门的成功率并不一定会很高。

（2）射门注意事项

①力争抢点直接射门。通常情况下，在一场足球比赛中，射门的时机通常是稍纵即逝的，因此，一定要及时把握住，因为比赛现场上的局势是瞬息万变的，一旦出现射门的机会，一定要力争直接进行射门。

②抬头观察。当然，射门也不仅仅是射门这一个动作，还要讲究射门的成功率，因此，在准备射门的时候，要迅速观察球门的位置以及对方守门员的所站的位置，采用最为合适的射门方式，出其不意，迅速射门，提高成功率。

③沉着冷静。在进行射门动作的时候，一定不要盲目，也不要慌张，看准恰当的时机，利用防守上的漏洞以及队员之间的空当进行射门，在射门脚法的选择上，一定要用自己比较擅长的手段和方式进行攻击，在保证射门成功率的基础上尽可能地加大进攻的力度，增加对方防守的难度。

④珍惜射门机会。在一场足球比赛当中，不管运动员是处于一种怎样的状态，一定要找准时机，果断射门。

⑤及时跟进补射。首先足球比赛是一个团队运动，因此，当运动员在射门的过程中，如果有位于球门较近的队员，就应该立刻跟上，当射门球员没有能够完成射门或者射门失手之后，跟进球员可以马上进行补射，这种补射在一定程度上讲并不是难度很大的技术动作，这种动作的难点就在于寻找合适的机会进行补射。

4. 跑位

应该说，在一场足球比赛当中，除了持球的运动员和双方守门员，其他运动员都在跑位。所谓跑位，就是运动员在不持球的时候，通过有目的的跑动寻找有利位置或空当，目的就是帮助己方得球或威胁对方射门。

跑位动作在比赛中是最常见的一种技术形式，在进攻的过程中基本都是以跑位串联整个比赛的，真正能够打破对方战术的就是这种无球跑动，为本队球员获得更加有利的进攻机会。

（1）跑位战术的基本内容

跑位并不是漫无目的的，跑位的方法也不是单一的，根据赛场上的状况，可以将跑位分为变相跑、加速跑、突然启动跑等多种。在跑位的过程当中，最重要的内容就是及时抓住最有利的跑位时机，确定想要通过跑位到达的位置以及正确的方向。

①敏锐的观察。在比赛的进程中，本方队员如果得到了球权，本队的作战形式就会产生由守转攻的变化，无球队员需要做的就是要学会适当的观察，了解到球所在的位置以及出球的角度之后，根据队友的站位以及对手的站位进行适当的跑位和传球。另外来讲，同时还要观察对方球员给予本队球员的所有阻碍，然后及时根据赛场上的变化，随时进行相应的战术调整。运动员的观察能力往往在一定程度上能够对比赛起到决定性的作用。

②有明确的跑位目的。在整个足球比赛过程中，无球队员的跑动需要有明确的战术目的，即使运动员的身体素质再怎么好，没有明确的战术目的，也不会取得比较好的效果。

接应：当己方队员处于持球状态时，无球的运动员要通过跑位接近控球队员，通过以多打少突破对方的防守，进而实现射门的目的。

摆脱：当双方的运动员处于一种僵持状态时，避开对方的防守是无球运动员首先要做的就是冲出或避开多方的防守，当对方采用紧逼战术的时候，接球队员就要采取相应的方式方法进行躲避，可以忽快忽慢、忽前忽后的跑动，以此来摆脱对方的防守，接受同伴的传球，如果无球队员站在原地不进行跑动的话，就很难得到同伴的传球，对于整个比赛的影响也会是比较大的。

切入：足球比赛是一项相互配合的运动，处于跑位状态的运动员发现己方的持球队员为了突破对方的防守而想要将球传向对方球员之间或对方球员背后的空当位置时，就要及时跟进，以便己方继续控球，掌握主动权。

拉开：一旦确定控球权，就要及时拉开与对方的距离，适当的距离不仅有利于控球队员的转移，还有利于促进控球队员组织进一步进攻甚至是射门，或者是本队球员全部拉开，给对方球员制造一种视觉上的错位感，适时寻找进攻的战机，一旦对方出现空当，立刻发动进攻。

传球后立即跑位：控球队员传球给同伴之后马上就会变成跑位队员，所以，持球队员在完成传球动作之后应该马上进行跑位，只有这样整个队伍才能够在流动中进行协调一致的配合，一个流动性比较大的足球队伍，在比赛的过程中更加容易取得比赛的胜利。

③选择正确的跑位方向。在进行足球运动比赛的时候，很多情况下比赛的结果胜负往往是由罚球区来决定的，对于两方队员来讲，对方的罚球区是发动进攻的重要区域，罚球区是获得射门机会的重要区域，在跑位的

时候更要把握好罚球区的跑位方向。

④掌握跑位时机。如何正确把握跑位时机呢？以下几点是非常重要的。

队员之间的默契配合程度很重要，不管是跑位队员还是传球队员，默契程度越高，达到的比赛效果也就越好，要想培养这种默契，就要做到：

首先，掌握控球权的队员在传球的过程当中，要时刻关注自己周围己方队员的跑位情况并且选择恰当的时机进行跑位，这时，传球队员要在视线范围之内选择出一名最优的接球队员。

然后就是跑位队员在进行跑位的过程中，要与传球队员之间进行目光交流，跑位队员要善于发现空当，找到合适的机会之后，意会到传球队员的意图，传球队员在传球的过程中也要时刻保证传球的隐蔽性。

（2）创造和利用空间的跑位

①如果跑动且牵动防守者跟随移动，所创造的空间就可由另一些进攻者利用。如图 6–2–4 所示，②号就是利用了③号创造的空间从而得到进攻的有利机会。

图 6–2–4

②在 30 × 20 米方格区域内，设一个活动球门，在该区域中共有 6 人，其中 1 名守门员，而方格区域内的人员中可以设 2 人进攻，3 人防守（图 6–2–5）。最初的时候由于技术的生疏，防守可以适当松些，待熟练后就要与实战一致。进攻者也可适当调整，如①③号相交时做交叉配合，①③号相向移动时，①号向空当做反方向传球，②号接球后进行射门，①③号进行包抄。

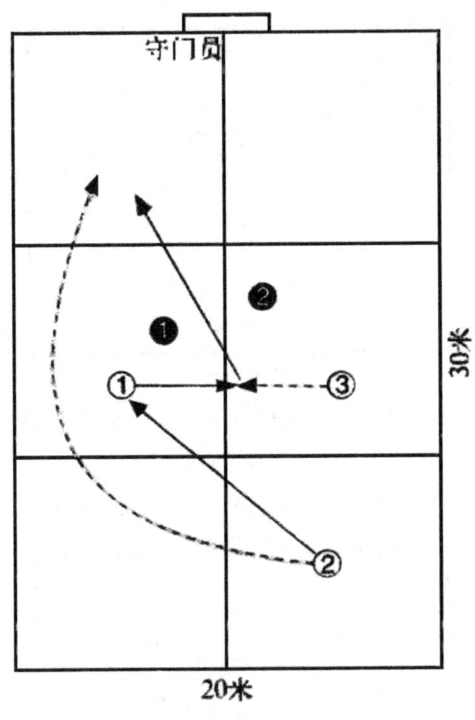

图 6-2-5

③如果控球队员在跑动的过程当中，防守队员并没有及时跟随，这个空当，就是传球的最佳时机。如图 6-2-6 所示，③号就是利用了空间。

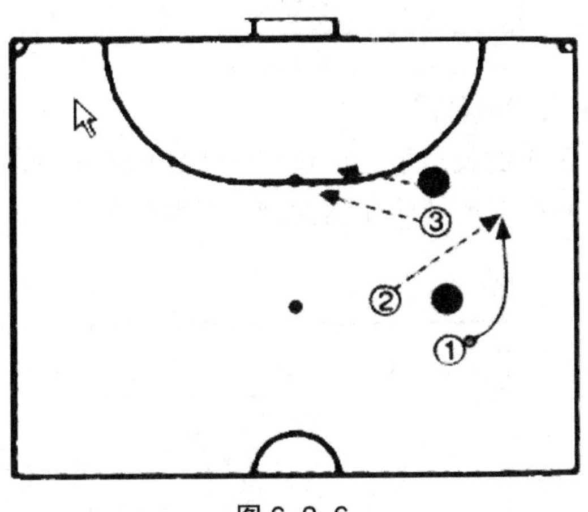

图 6-2-6

④如果跑动而且牵动防守跟随移动，所创造的空间可由第一进攻者利用。如图 6-2-7 所示，②号牵动，①号利用前方空间下底。

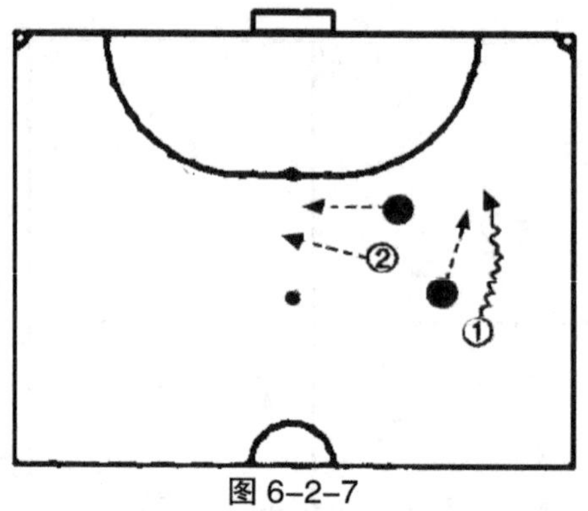

图 6-2-7

⑤前锋和前卫配合创造和利用空间练习。前锋队员斜线跑动，能创造可被居后插上的前卫队员所利用的空间（图 6-2-8）。其他位置配合创造和利用空间的练习也可以根据本队的战术设想而设计。

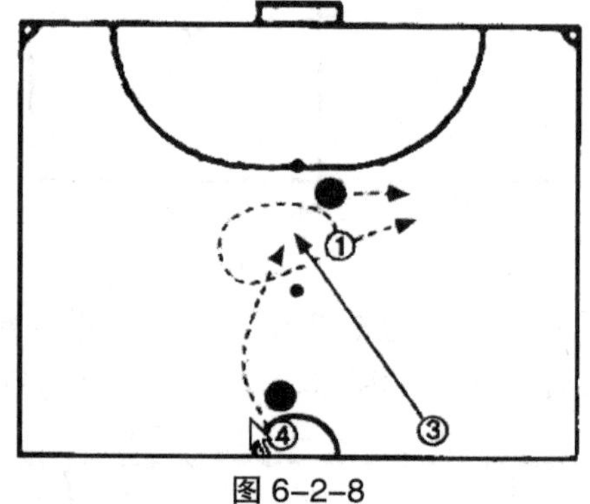

图 6-2-8

（3）提高应变能力的跑位

①运用突然变向摆脱对手。进攻者⑧中速向右斜前方跑动，防守者❻紧逼时，⑧突然而快速地转向左斜前跑，摆脱❻的紧逼，接⑨的长传球进攻（图 6-2-9）。

图 6-2-9

②运用突停或突启摆脱对手。这种摆脱的方法是进攻者在对方紧跟并根据进攻者的移动而移动时，运用突停作假象，然后再快速跑动以摆脱对手。进攻者⑨快速跑动，防守者❸紧跟不舍，⑨突然急停，然后再快速摆脱❸（图 6–2–10）。

图 6–2–10

③运用先压后回摆脱对手的方法。进攻者⑧向前插上，准备接应同伴⑦的传球。当⑧把防守者❻和❸吸引到一起时，便突然转身回跑，摆脱❻和❸的防守，接⑦传来的球（图 6–2–11）。

图 6–2–11

④运用反切摆脱对手。进攻者⑦向回跑，准备接同伴⑥的传球，把防守者❹引出，再突然转身切入以摆脱❹的防守，接⑥的传球进攻（图 6–2–12）。

图 6–2–12

5. 摆脱

在进行足球比赛的过程中，如果得到对方的球权，就要想方设法获得传球的机会或者是摆脱的机会，积极摆脱对方的防守，方便获得下一回合进攻的机会，更好地执行教练的战术安排，最终在摆脱对方的防守之后继续进行射门动作。

在摆脱对方防守的时候，我们可以采用的方法也是多种多样的，比如突然加速、多次变向、做假动作等等，这几种摆脱方法的使用一定要在保证球员都能适应的情况下进行。场上的空当与传球的时机一般会在很短的时间内就消失，这就要求队员在传球的过程中一定要迅速抓住战机，否则在对手干预比较强的情况下很难完成传球的技战术。

（1）向前跑突然转身向回跑。⑧号向前插进，准备接应⑦号的传球；当⑧号把防守队员❻和❸吸引到一起时，便突然转身回跑，摆脱❸、❻号的防守，接⑦号传球（图 6–2–13）。

图 6–2–13

（2）⑦号向本侧跑去准备接⑥号的传球，把防守队员❹引诱出来，再突然转身切人摆脱❹防守。这种方法等于自己给自己制造空当。对一个跑得快的前锋来说，在较大范围里发挥技术和速度是比较有益的（图 6–2–14）。

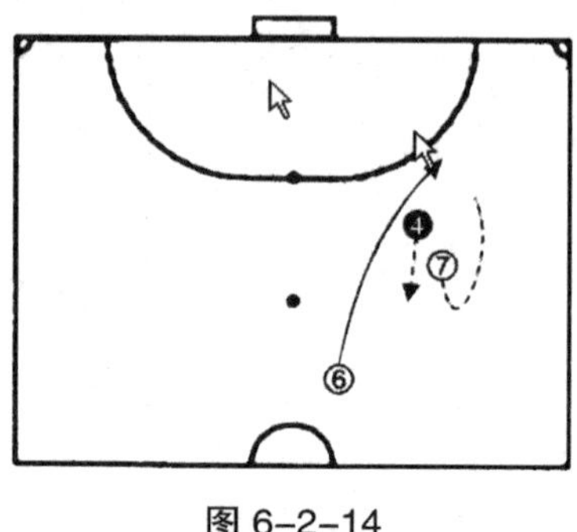

图 6–2–14

（3）快跑——突停——快跑。这种摆脱的方法是在对方紧跟进攻者并根据进攻者的移动而进行移动时，可运用这种摆脱方法造成对方被动（图6-2-15）。

图 6-2-15

（4）突然转向右或者向左斜线跑。⑧号开始向一边跑时速度须稍慢，遇防守队员❻紧逼时，⑧为了摆脱❻的紧逼，再转向另一方向跑时要突然快速以便于甩掉对方（图 6-2-16）。

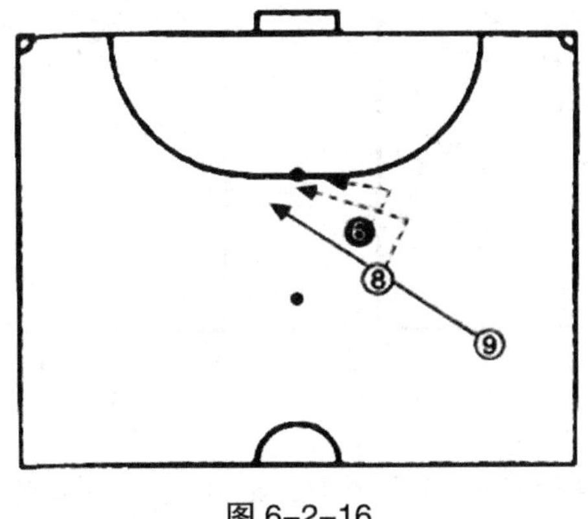

图 6-2-16

（二）个人防守战术

个人防守战术是局部防守战术和整体防守战术的组成部分。个人防守战术主要包括选位和盯人两个方面。

1. 选位

在比赛中，由攻转守时，防守队员应立即选择最有利于防守的位置。

选位要注意以下几个基本原则。

（1）要想在选位的时候获得比较恰当的站位，对手与本方球门中心所构成的直线附近是一个不错的选择，并且还要拥有清晰观察场上双方球员之间活动情况的能力，对于对手的站位和跑位都能够有清晰的判断，足球的移动方向以及球速都能够做到心中有数，确保球和人能够在自己的视线范围之内（图 6–2–7）。

（2）防守队员在站位的时候一定要学会根据场上战术形式的变化以及对方进攻的路线进行相应的调整，找到适合防守的最佳位置。

（3）在二防三的情形下，我们需要安排一名防守队员对持球队员进行紧逼，另一名防守队员则需要采用区域防守的形式进行防守的布置，以此来保护紧逼的防守队员。

（4）在遇到对方以多打少的情况之时，比如“二过一”“三过二”配合，防守队员在没有把握抢断的情况之下，一般情况下都要采取主要向进攻球员的方法，一定不要盲目地进行上扑或者是铲球，而是要将自己的定位在两名进攻队员之间，堵住双方进行传球的路线（图 6–2–18）。

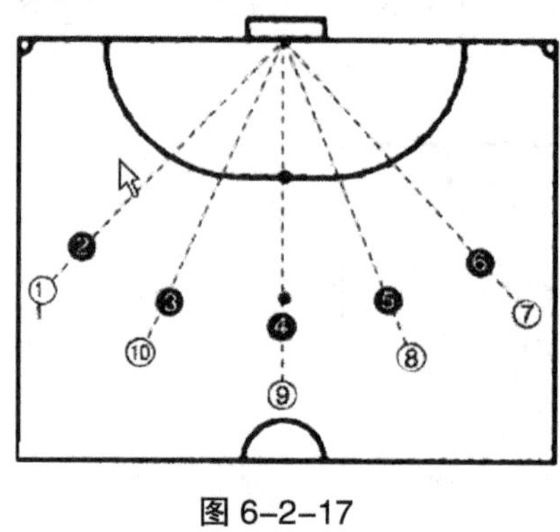

图 6–2–17

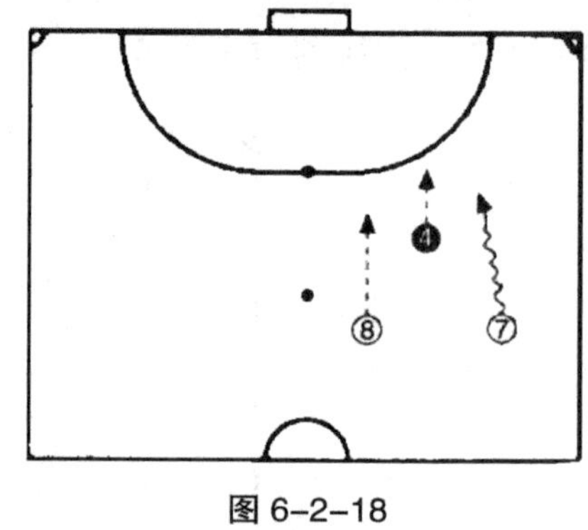

图 6–2–18

2. 盯人

盯人就是在足球比赛的过程当中，处于防守一方的足球队员，采用各种方法和技术，对对方球员采取的一对一的盯防战术。这种战术的主要目的就是对对方球员展开有针对性的严密的战术控制行为，最大限度地降低对方的进攻力度。

在足球运动中，盯人战术的运用是最为常见的方法之一，盯人战术同时也是其他综合性战术的重要组成部分。通常情况下我们可以将盯人战术分为紧逼盯人和松动盯人两种形式。

紧逼盯人战术就是防守队员不给进攻队员任何的活动机会，这种情况主要是禁区防守。松动盯人就是攻防之间有一个相对固定的距离，只要是在随时能够拦截或抢球的范围内即可，这种盯人方式主要运用于与对手距离较远的情况下。

（1）盯人的基本原则

①盯人要分清进攻人的威胁程度。对于离球或者球门较远又不可能接到球的对方队员可采用松动盯人。

②对有球队员及其附近可能接球的进攻队员和本方罚球区附近的对方队员都要采用紧逼盯人。

③盯人时防守球员要始终处于启动状态，身体重心应稍低，切忌不要双腿站死。

④对于速度快，反应快，而防守队员不及对手的情况下，不要紧逼。

（2）盯人队员的注意事项

①防守者必须根据比赛中球的位置，站位于被盯者和本方球门线中点的连线上，并且要根据场上的具体情况，和球保持适当的距离。

②盯人者一般情况下都会在一些比较稳定的区域内根据所盯防对象采取一定程度的来回跑位，这也是现代足球比赛最为基本的要求，但是盯人者在进行防守的时候，肯定会出现这样或者是那样的防守漏洞，这就要求防守人在防守好自己位置的同时，盯住可移动区域内其他人的防守情况，条件允许的情况下进行及时的补防，切实保证防守的有效性。

③防守者在盯人的时候一定要注意观察周边的战术变化以及局势变迁，保持高度的注意力，对于进攻者所要进攻的路线能够有一个明确的判断，提前准备，随时对被盯者进行干扰。

④盯人者还需要具备的另一个特殊素质就是随机应变的能力，当同伴在防守过程中遇到一些比较难防的对手，这时可以进行协防，执行围抢战术，当附近出现比较好的截击机会之时，可以马上进行阻击，各个负责人盯住自己所要防守的队员是获得比赛胜利的重要条件之一，同伴之间根据场上比赛形式的变化，调整防守的位置，灵活地去协助他人进行防守，也是提高防守质量的重要手段。

⑤在盯人的过程中，运动员所付出的体力要比进攻的过程中大得多，所以，教练员在盯人的过程一定要使用适当的球员进行盯防，一旦出现体力不支的情况，可以适当地减少争抢，以保证剩余比赛时间的体力充沛。

三、整体战术教学

（一）整体进攻战术

整体进攻战术，是指参与进攻的人数较多、进攻面较广的战术配合。整体进攻战术主要有以下几种。

1. 边路进攻

边路进攻的主要特点通常都表现在进攻区域中，随着人们对于足球运动认识的不断加深，人们逐渐意识到球门的中路地带是对球门威胁最大的区域，所以在今后的比赛过程中人们都要集中注意在球门中路的一些防守方法，对于两边路的防守可以适当放松防守，但是也不能完全放松，在这种防守理念之下，进攻一方便有了可乘之机，进攻球员可以在边路进行攻击，边路进攻通常都是以下底传中或者是内切传球的方式进行的，所以，从这个维度上来讲，传球质量的高低在一定程度上就会决定进攻的效果。

边线传中对于时机的掌握是非常重要的，当最好的射门位置被己方队员占据或即将占据，此时就是边线传中的最好时机，这个时间点对于射门的成功率来说有很大的提高作用。这时候，传球的队员要随着防守队员向球门方向跑动，传球的速度要快，时间要及时。从另外一个角度来讲，下底传球中的落点一定要进行认真的思考，传中的落点通常会有罚球点、中门门柱以及远门柱的位置，另外来讲，远门柱的区域同时也是进行传中的主要落点。

边路进攻中主要包括边线传中（图 6–2–19）和切底回传（图 6–2–20）两种形式。

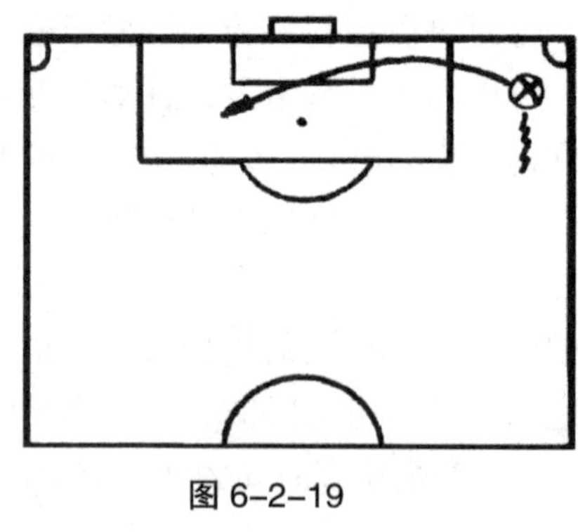

图 6–2–19

图 6–2–20

2. 中路进攻

中路进攻就是由中路球员所发起的进攻，中路进攻是进攻发起点与攻击点直线距离最近的两个点，一旦通过中路进攻的方式突破对方的防线，那么，这个进攻威胁是非常之大的，获得射门机会也是非常多的。但它的缺点也很明显，那就是这一区域通常是防守的重点区域，对方可能会安排多名队员在此进行防守任务，由此可见，突围的难度之高。总体来讲，中路进攻方式是所有进攻方式中威胁力最大的一种，同时也是对个人技术和团队配合能力要求最高的一种进攻方式。

3. 阵地进攻

阵地进攻是一种有组织、有步骤的全新进攻形式，通常发生在对方出其不意抢球的过程当中。这是一种更加谨慎的一种进攻打法，相对来讲这种打法的稳妥性与准确性要比其他打法更好一些。一般来讲，只有那些战术素养良好，技术能力过硬的足球运动员才能够在比赛中掌握进攻的主动权。

4. 快速反击

快速反击战术通常发生在对方全力发起进攻的时候，特别是当后卫压到中场的时候，防守人数会有很大程度上的减少，所以，在进攻一方留下空隙的时候，会给对手很多可以利用的机会，防守方如果能够在这个时候抓住防守的机会，将球断下，或者是在防守方退防的时候，利用对方的失误，来发动快速反击，这样就会给对方致命的打击，破坏掉对方进攻的节奏，反被动为主动。

（1）快速反击的条件

①任何一支足球队伍当中都要有一到两名“尖子”队员，要求不管是在技术或速度方面，还是在突破能力和随机应变方面都要有突出的条件。

②队员能迅速抓住赛场上稍纵即逝的反击点和突破口，并抓住机会及时反击。

③传球次数控制得当，尽量减少传球次数，增加传球的成功率。

④一旦突破，队员之间的配合要及时。

（2）快速反击的时机

①抢到对方的脚下球后。

②抢截到对方不准确的传球后。

③对方进攻中犯规而被罚任意球后。

（二）整体防守战术

1. 人盯人防守

人盯人防守就是指在一个足球队中，所有的运动员都要有赛场上的固定盯防对象，自由人除外。该战术的特点就是比赛中每一位进攻队员无论是在身体上还是在心理上都会有一定的压力。但是从这些年的足球比赛中，我们不难发现人盯人防守正在逐渐淡出历史的舞台，在运动员进行人盯人防守的过程中应该注意以下几点内容。

（1）队员和盯防对象之间的作战能力要匹配。

（2）相同球队的队员之间要相互配合。当一人的盯防出现失误或差池，附近的队员要在不影响比赛的情况下，以机动灵活、反应迅速地对他的盯防工作进行补充，以保证整个队伍防守的严密性。

（3）足球运动是一项非常消耗体力的运动，尤其是在防守过程中，防守队员要在全场范围内不停歇地奔跑和逼抢，因此体力素质对于每一位防守队员来说都有较高要求。

2. 区域盯人防守

区域盯人防守就是在一场足球比赛当中，不同的队员有其固定的防守区域，他的活动范围也仅限于这些防守区域，当进攻者进入到某位防守队员负责的区域的时候，紧盯这位进攻队员，进而对他将要进行的所有进攻方式进行防御就是该负责队员的主要任务。

区域盯人防守能够明确每个防守者的明确任务，但是这并不意味着人们能够放弃团队之间的协作，当某人防守失败时，临近的队员应该马上进行相应的补位，被进攻队员突破之后，防守队员应该马上与其进行换位，最大限度地保证防守的有效性。这种防守方式的缺点就是队员之间的分工不像人盯人防守那么明确，会给进攻者带来很多进攻上的可乘之机。

3. 混合防守

混合防守就是采用人盯人防守与区域防守相互结合进行防守的方式，在比赛的过程中混合防守可以采用后腰盯人，其他球员进行区域防守的防守方式，或者是特指明某一位球员进行盯人防守，其余球员均进行区域防守的方式。在采用混合防守方式的时候，我们应该注意以下几点：丢球即抢或迅速封堵；局部紧逼，相互保护，及时补位；夹击和围抢；层层设防，保持队形；切忌在罚球区域或其附近犯规；重点盯住进攻的组织者和攻击手；制造越位。

混合防守的使用能够有效地根据战术的需要进行适当的安排，混合防守的种类也是非常多的，能够在一定程度上表现出一定的灵活性，当对方的进攻主要依靠两名前卫进行的时候，防守方就可以根据这种进攻方式，采用对两名前卫进行紧盯的方式，有针对性地进行防守，能够很大程度地提高防守的质量，其余的队员则可以采用区域盯人的方式进行防守。

4. 任意球防守

（1）争取时间

干扰对手发球，以争取时间组织人墙。

（2）组织人墙

人墙的组织并不是随机的，摆设人墙也是有一定要求的。具体如下。

①要根据罚球地点确定排墙的人数。

②人墙应封堵球门近角一侧。守门员主要防守球门远角一侧，并应看清楚罚球队员和球。

③人墙不宜离球太远，以免影响封堵的角度。

四、守门员战术教学

（一）选位

1. 基本选位

（1）对方运球时的选位

目的：提高守门员保持处于正确的封住射门角度的位置的能力。

方法：两个守门员，3 个进攻队员分左中右分别站在罚球区外约 2 ～ 5 米的位置，每人一球。另有一个教练员。教练员不断向左中右队员发出运控球指令。守门员站在球门线附近，根据教练员发出的指令和控球队员的运球情况，迅速调整自己与控球队员的位置关系（图 6–2–21）。

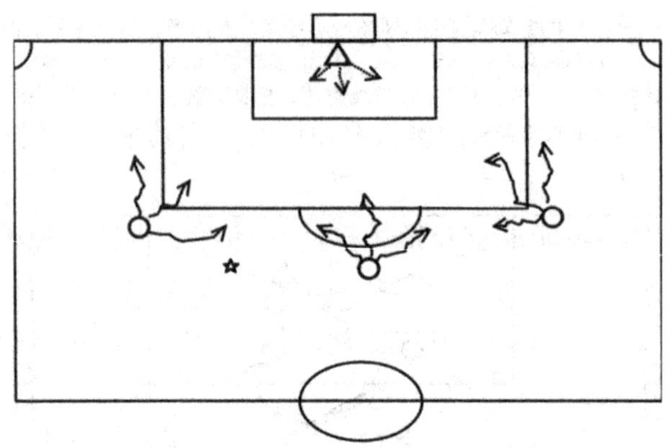

图 6-2-21

要求：守门员要移动快速，始终保持处于球与两个球门立柱形成的夹角的角平分线上，距离球门线约有 2 ～ 4 米远的位置。练习一段时间两个守门员交换练习位置。

（2）对方在罚球区外附近传球时的选位

目的：提高守门员保持处于正确的封住射门角度的位置的能力。

方法：两个守门员，3 个进攻队员分左中右分别站在罚球区外约 2 ～ 5 米的位置，用一个球。另有一个教练员。教练员不断向左中右队员发出传控球指令。3 个传球队员根据教练员的指令将球传来传去。守门员站在球门线附近，根据教练员发出的指令和传球队员的传球情况，迅速调整自己与控球队员的位置关系（图 6-2-22）。

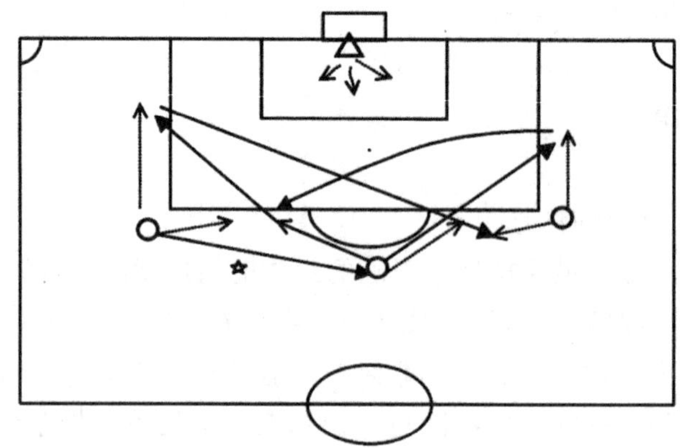

图 6-2-22

要求：守门员要移动快速，要始终保持处于球与两个球门立柱形成的夹角的角平分线上，距离球门线约有 2 ～ 4 米远的位置。练习一段时间后两个守门员交换练习位置。

（3）对方运球到角球区附近传中时的选位

目的：提高守门员保持处于正确的封住射门角度的位置的能力。

方法：两个守门员，6个进攻队员在罚球区外的两个边路区域，每人一球。门前中路是3对3，另有一个教练员。教练员不断向左右两边的队员发出运球传中的指令，两边球队员根据教练员的指令将球运到角球区附近传中。守门员站在球门线附近，根据教练员发出的指令和传球队员的传球情况，迅速调整自己与球门的位置关系（图6–2–23）。

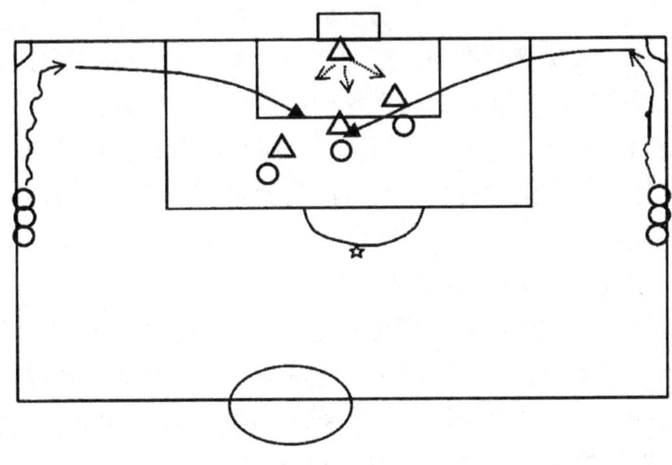

图6–2–23

要求：守门员要判断准确，移动快速。当对方运球到角球区附近传中时，一般守门员要保持选择在球门的中后部位置，以便快速由后向前控制球门前的空间。球传到门前时要根据实际情况调整自己与球门的位置关系，保证最大限度地封堵对方的射门角度。练习一段时间后两个守门员交换练习位置。

（4）对方运球到罚球区底角附近传中时的选位

目的：提高守门员保持处于正确的封住射门角度的位置的能力。

方法：两个守门员，6个进攻队员在罚球区外的两个边路区域，每人一球。门前中路是3对3，另有一个教练员。教练员不断向左右两边的队员发出运球传中的指令，两边球队员根据教练员的指令将球运到罚球区底角附近传中。守门员站在球门线附近，根据教练员发出的指令和传球队员的传球情况，迅速调整自己与球门的位置关系（图6–2–24）。

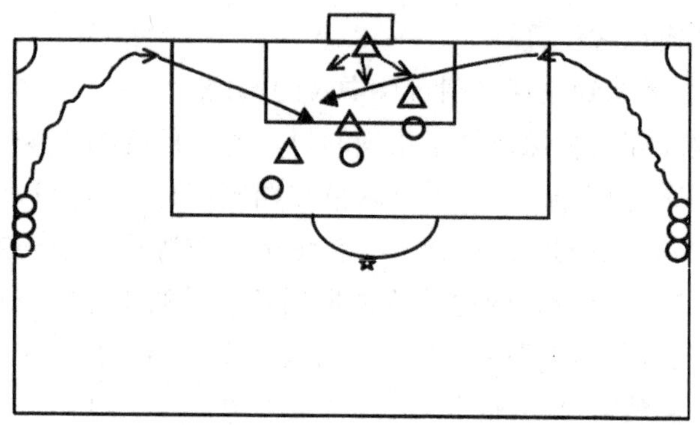

图 6-2-24

要求：守门员要判断准确，移动快速，当对方运球到罚球区底角附近传中时，一般守门员要保持选择在球门的前部位置，以便快速封堵和控制对方传向前门柱的球。当球传到门前时要根据实际情况调整自己与球门的位置关系，保证最大限度地封堵对方的射门角度。练习一段时间两个守门员交换练习位置。

（5）本方在对方门前控球时的选位

目的：提高守门员处于与后卫线保持正确联络和保护位置的能力。

方法：全场两队，两个守门员，每队 4 ~ 5 人在对方罚球区附近。一名教练员在中线附近发球给某一罚球区附近的队员，这几名队员控球倒脚。两边守门员根据教练员发球的情况选择自己的位置。

要求：守门员要始终与本方后卫线保持密切的联系：当球在对方罚球区附近时，本方守门员一般应在本方罚球区横线附近位置；当球在中线附近时，本方守门员一般应在本方罚球区内球门区横线附近到罚球点球点位置之间；当球在本方罚球区附近时，本方守门员一般应在本方球门线附近 2 ~ 5 米的位置。控球队员倒脚后将球回传给发球的教练员，然后开始下一次练习。

2. 特殊情况下的选位

（1）对方发角球时的选位

目的：提高守门员保持处于正确的封堵破坏对方射门角度的位置的能力。

方法：从两侧角球区依次发出角球，罚球区内 5 对 5。守门员根据实际情况调整自己与球门的位置关系，保证最大限度地封堵对方的射门角度。练习一段时间后两个守门员交换练习位置。

要求：对方发角球时，本方守门员一般站位都在中部靠近后门柱的球门线附近，身体要侧对角球方向。当球发出后，要迅速判断，调整自己与球门的位置关系，保证最大限度地封堵破坏对方的射门。发角球的队员应当不断变化发出球的落点。

（2）对方在本方罚球区附近中路罚任意球

目的：提高守门员正确封堵破坏对方射门角度的选择位置的能力。

方法：对方在罚球区外中路附近罚直接和间接任意球，本方防守人墙4 ~ 5人，罚球区内5对5。守门员根据实际情况调整自己与球门的位置关系，保证最大限度地封堵对方的射门角度。练习一段时间后两个守门员交换练习位置。

要求：对方在本方罚球区中路附近罚任意球时，防守人墙一般封堵前角，本方守门员一般站位应当在中部靠近后门柱的球门线附近。当球发出后，守门员要迅速判断，调整自己与球门的位置关系，保证最大限度地封堵破坏对方的射门。发角球的队员应当不断变化发出球的落点。

（3）对方在本方罚球区内球门区线上罚间接任意球

目的：提高守门员正确封堵破坏对方射门角度的选择位置的能力。

方法：对方在罚球区内球门区线上正面和侧面罚间接任意球，本方防守人墙 8 ~ 9 人站在本方球门线上。守门员要根据实际情况调整自己与球门的位置关系，此时应当站在人墙前边的中前部离球较近一侧，保证最大限度地封堵对方的射门角度。练习一段时间后两个守门员交换练习位置。

要求：防守人墙封堵前角。本方守门员站位要在防守人墙前边，离罚球点较近的位置。当球发出后要迅速判断，调整自己与球门的位置关系，保证最大限度地封堵破坏对方的射门。罚球队员要不断改变罚出球的方向和罚球的方法。

（4）对方在本方罚球区附近边路罚任意球

目的：提高守门员正确封堵破坏对方射门角度的选择位置的能力。

方法：对方队员在罚球区外边路附近罚直接和间接任意球，本方防守人墙 2 ~ 3 人，罚球区内 5 对 5。守门员根据实际情况调整自己与球门的位置关系，保证最大限度地封堵对方的射门角度。练习一段时间后两个守门员交换练习位置。

要求：防守人墙一般封堵前角，本方守门员一般站位应当在中部略靠近后门柱的球门线附近。当球发出后，守门员要迅速判断，调整自己与球门的位置关系，保证最大限度地封堵破坏对方的射门。发角球的队员应当不断变化发出球的落点。两侧边路均要练习，并且边路罚球点的位置要有变化。

（5）对方中路（运球或插入）突破时的选位

目的：提高守门员保持处于正确的封堵破坏对方射门的能力。

方法：两名守门员，几名运球进攻队员在罚球区外不同的区域，另有一名教练员。教练员给某一个队员发出指令，该队员运球进入罚球区直逼守门员。守门员根据运球队员的控球情况选择合理的位置，以尽量破坏运球队员的射门成功率。

要求：一般在保证不被对手吊球入门的情况下，慢慢逼近运球队员。当运球队员进人防守范围之内，要果断采取防守行动。

（二）出击

1. 防守边路传中时的出击

（1）对方发角球时的出击

目的：提高守门员正确封堵破坏对方射门的能力。

方法：对方队有两个队员分别从两侧角球区依次发出角球，罚球区内5对5。守门员根据实际情况调整自己与球门的位置关系，保证最大限度地封堵对方的射门。练习一段时间两个守门员交换

练习位置。

要求：对方发角球时，本方守门员一般站位都在中部靠近后门柱的球门线附近，身体要侧对角球方向。当球发出后，要迅速判断，调整自己与球门的位置关系，保证最大限度地封堵破坏对方的射门。发角球的队员应当不断变化发出球的落点。

（2）边路45度高吊传中

目的：提高守门员正确判断来球性质，迅速封堵破坏对方射门可能性的能力。

方法：对方队有两个队员分别从罚球区两个顶角的外侧边路约1 5米的位置，向罚球区内长传高吊球，罚球区内5对5。守门员根据实际情况调整自己与球门的位置关系，保证最大限度地封堵破坏对方的射门可能性。练习一段时间两个守门员交换练习位置。

要求：对方45度传中时，本方守门员要迅速判断来球的性质，快速做出决断，争取在最早时间内和最高点将球破坏掉，保证最大限度地封堵

破坏对方的射门。发球的队员应当不断变化发出球的落点。

（3）对方边路运球突入罚球区时的出击

目的：提高守门员正确加大封堵破坏对方射门可能性的能力。

方法：两队，罚球区内 5 对 5，加一守门员，对方两名队员从罚球区两侧边路靠近底线的位置，运球进入罚球区逼近球门，寻找传球或射门机会。守门员根据实际情况封堵运球队员的射门和传球路线。

要求：守门员要先封堵前门柱（前点），并注意运球队员向中间的快速传中球。此外注意身旁其他进攻和防守队员的位置情况。两侧都要练习。

2. 防守中路的出击

（1）对方中路直线长传地滚球插入突破时的出击

目的：提高守门员正确地封堵破坏对方射门机会的能力。

方法：两队，一队进攻，一队防守。在罚球区外中路门前约 20 米处，一进攻队员从边路斜线插入中路两名中卫身后的空当，一名进攻队员从中圈弧顶处直线长传过顶球越过防守队员头顶，形成传球突破局面，此时守门员从门中出击，防守插入突破的队员（图 6–2–25）。

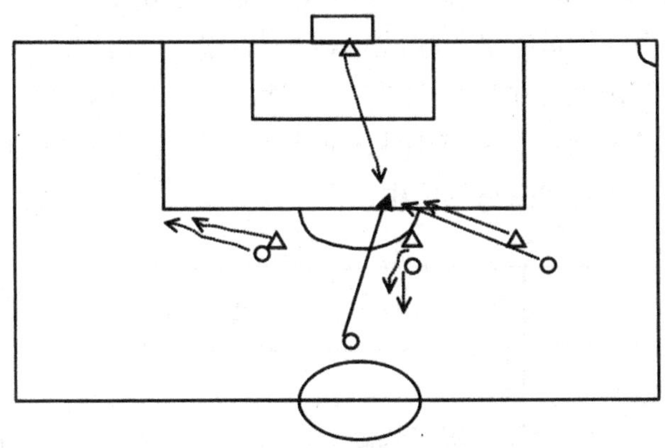

图 6–2–25

要求：一般要首先判断不被对手吊球入门，然后快速逼近突破的队员。当突破队员进入防守范围之内时果断采取防守行动。

（2）对方中路直线长传高吊球插入突破时的出击

目的：提高守门员正确封堵破坏对方射门机会的能力。

方法：在罚球区外中路门前约 20 米处，3 打 2。两个中锋通过交叉跑位形成摆脱，控球队员从中圈弧顶处直线长传过顶球到摆脱队员的身前造成中路突破。此时守门员从门中出击，防守突破的队员（图 6–2–26）。

要求：一般要在传球队员传球的瞬间判断出球的落点，迅速出击，争取抢在插入的队员前边将球处理掉。如果不能先于插入队员破坏掉球，出击需先判断不被对手吊球入门，而快速逼近突破的队员，对突破队员进行果断的防守行动。

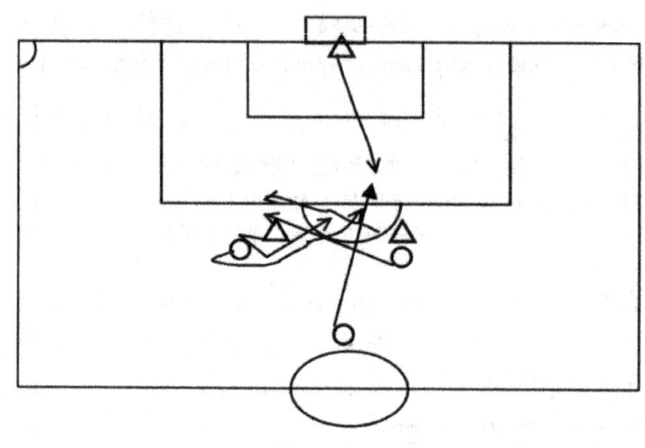

图 6-2-26

（3）对方中路斜线长传高吊球插入突破时的出击

目的：提高守门员正确封堵破坏对方射门机会的能力。

方法：在罚球区外中路门前约 20 米处，3 打 2。两个中锋通过交叉跑位形成摆脱，控球队员从中路中线附近斜线长传过顶球到摆脱队员的身前造成中路突破。此时守门员从门中出击，防守突破的队员（图 6-2-27）。

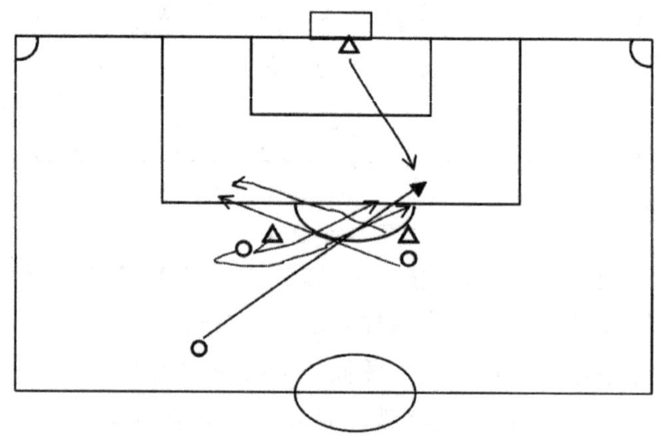

图 6-2-27

要求：一般要在传球队员传球的瞬间判断出球的落点，迅速出击，争取抢在插入的队员前边将球处理掉。如果不能先于插入队员破坏掉球，出击时首先判断不被对手吊球入门，同时要快速逼近突破的队员，对突破队员进行果断的防守行动。

（4）对方中路短传渗透插入突破时的出击

目的：提高守门员正确封堵破坏对方射门机会的能力。

方法：在门前中路罚球区外约5米处，2打1。中锋通过假动作变向交叉跑位形成摆脱，控球队员从中路罚球区外附近斜线传地滚球到摆脱队员的身前造成中路突破。此时守门员从门中出击，防守突破的队员（图6-2-28）。

要求：一般要在传球队员传球的瞬间判断出球的落点，迅速出击，争取抢在插入的队员前边将球处理掉。如果不能先于插入队员破坏掉球，出击时首先判断不被对手吊球入门，同时要快速逼近突破的队员，对突破队员进行果断的防守行动。

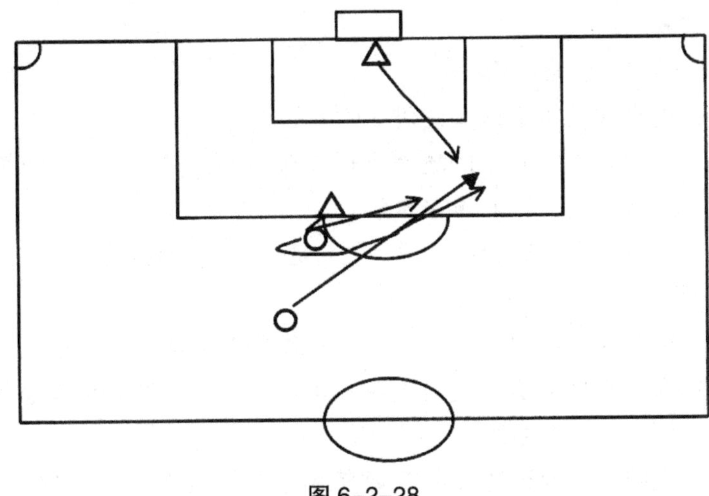

图6-2-28

（5）对方中路运球突破时的出击

目的：提高守门员正确封堵破坏对方射门的能力。

方法：两队，攻队3人，守队4人。在罚球区外中路区域进行1对1。另有一名教练员。教练员给某一个队员发出指令，该队员1对1运球越过防守队员进入罚球区直逼守门员。守门员根据运球队员的控球情况选择合理的位置，尽量破坏运球队员的射门成功率（图6-2-29）。

要求：一般要首先保证不被对手吊球入门，慢慢逼近运球队员。当运球队员进人防守范围之内时果断采取防守行动。

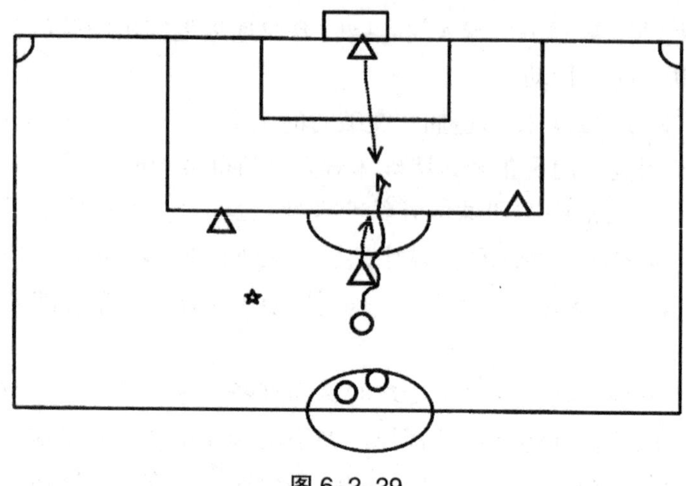

图 6-2-29

（三）组织防守与发动进攻

1. 组织防守

（1）小场地比赛组织防守

目的：提高守门员组织本方防守体系的能力。

方法：在 20 米 ×30 米的场地进行 5 对 5 小比赛。守门员不断地用语言提示本方队员形成良好的防守体系。

要求：守门员提示要及时，语言要清晰，声音要洪亮。

（2）快速组织防守人墙

目的：提高守门员快速组织本方队员搭成防守屏障的能力。

方法：在罚球区附近，进行 6 对 6 防守比赛。由教练员有意不断判罚防守队员犯规，守门员组织防守人墙。

要求：组织人墙要迅速确定封堵前角的第一个防守人的位置。

（3）对方长传转移进攻时的防守组织

目的：提高守门员及时提示无球一侧防守队员快速回位收缩组织本方防守体系的能力。

方法：在中线中圈内放一球门，两队在半场内进行 8 对 8 比赛。进攻一方不断采用长传转移进攻方向。守门员迅速根据本方队员的位置及时提示无球一侧的防守队员回到正确的防守位置。

（4）出击时的语言提示

目的：提高守门员与本方后卫队员形成防守配合，达成默契防守的能力。

方法：在罚球区内 5 对 5，另有 3 ~ 4 名队员在罚球区外从不同的方向向罚球内门前传高球。守门员根据球的飞行路线与落点，在出击抢点防守拦截时大声喊出“我的”、“闪开”等，以提示防守同伴协同防守。

要求：判断出击要准确，提示要及时，语言要清晰，声音要洪亮。传人罚球区的方向位置要不断变化，落点也要不断变化。

2. 发动进攻

（1）手发球给边后卫

目的：提高守门员快速准确发球组织进攻的能力。

方法：两个守门员，两名边后卫在罚球区的顶角的外侧边线处，两名教练员在罚球区外。教练员不断从两侧不同位置给守门员传球，守门员接到球后快速手发给异侧的边后卫队员，异侧边后卫接球后回传给同侧的教练员。依次不断变化传球方向和发球方向（图 6-2-30）。

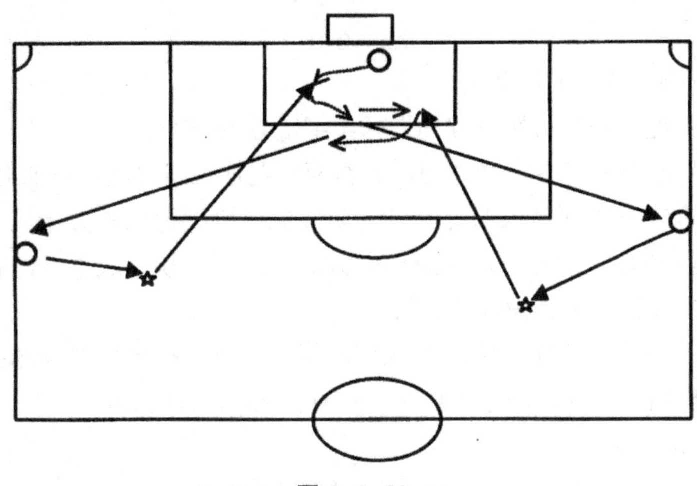

图 6-2-30

要求：守门员接球前要注意观察后卫的位置，接球后的发球要快速准确。练习一段时间后守门员交换练习。

（2）大力勾手发给边前卫

目的：提高守门员快速准确发球组织进攻的能力。

方法：两个守门员，两名边前卫在罚球区的顶角的外侧中线处，一名教练员在罚球区外。教练员不断给守门员传球，守门员接到球后快速手发给两侧接应的边前卫队员，边前卫接球后回传给同侧的教练员。依次不断变化传球方向和发球方向（图 6-2-31）。

要求：守门员接球前要注意观察后卫的位置，接球后的发球要快速准确。练习一段时间后守门员交换练习。

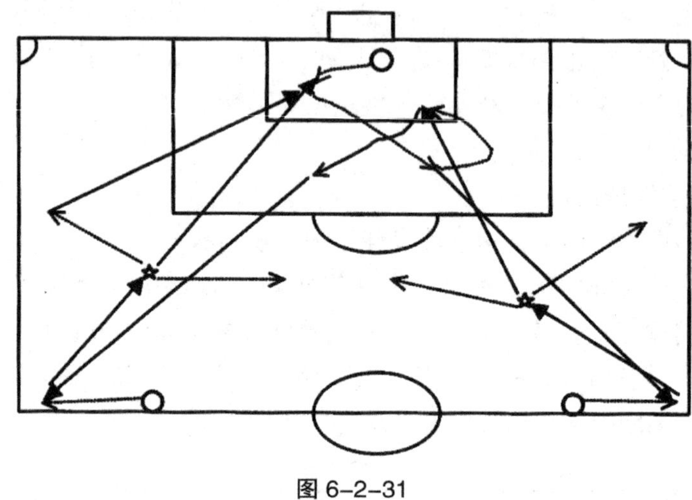

图 6-2-31

（3）脚发球给前场队员

目的：提高守门员快速准确发球组织进攻的能力。

方法：两个队各有一个守门员，在两个罚球区线之间进行 8 对 8 比赛。所有队员进攻时必须进入对方半场，防守队员则要退回本方半场。防守队的守门员接到对方的射门球或断得对方进攻球后，快速起脚发给在本方最前边的接应前锋队员，发动快速反击。

要求：守门员接球前要注意观察前锋的位置，接球后的发球要快速、准确，发出后要快速组织本队队员全线压上参与快速反击。

（4）3 秒发球

目的：提高守门员快速准确发球组织进攻的能力。

方法：两个队各有一个守门员，在半场内进行 8 对 8 比赛。防守队的守门员接到对方的射门球或断得对方进攻球后要在 3 秒以内快速发出：第一是给本方对对方最有威胁的接应前锋队员，第二是最有利于发动快速反击的前卫队员，第三才是发给最安全的后卫队员。

要求：守门员接球前要注意观察本方队员和对方队员的位置，接球后的发球要快速、准确，发出后要快速组织本队队员全线压上参与快速反击。

第三节　高校足球实用战术的训练

一、足球比赛阵型训练

练习一：各个区域及位置的责任分区练习。

练习二：各个区域及位置相互靠拢、补位练习。

练习三：半场攻防练习。分别进行进攻和防守练习。

练习四：阵型演变比赛。要求各个层次及区域的相应位置的队员，保持好版块的整体性。分别进行各种阵型演变练习。

二、足球进攻战术训练

（一）个人进攻战术训练

练习一：移动接球。接应队员避开障碍物旗杆，向两边空当接球同伴的传球。接球后再回传给同伴，再向另一边移动接球，以此重复练习。可定时交换练习。

练习二：在 40 米 ×40 米方块场内。进行同时多人、多球的传球与接应练习。重点是选择传球目标，观察、呼应与跑动接应。随着练习的熟练，可以增加练习用球的数量和限制触球次数。

练习三：交叉换位。将人员分成两组，在前场进行交叉换位跑动，队员 A 与队员 B 交叉换位后接队员 C 的传球，再进行配合射门。

练习四：一抢二练习。在长 25 米、宽 15 米的范围内进行一人抢球，二人传控的练习，控球一方的无球队员要积极选位接应。防守者抢到球即成为控球一方，由失误的队员担任防守者。可计时交换位置重复进行练习。

练习五：第二空当跑位。接应者队员 A 快速跑向由同伴队员 B 拉出的第二空当，接队员 C 的传球射门。

（二）局部进攻战术训练

练习一：各种二对一射门练习。

练习二：踢墙式二过一练习。

练习三：连续斜传直插二过一练习。

练习四：在罚球区前 10 米 ×10 米范围内进行二过一配合射门练习。

练习五：在 10 米 ×20 米场地上设两个球门进行二对二练习防守，需有一人为守门员，在规定时间里相互展开攻守。

练习六：各种无固定配合踢墙式二过一练习。

练习七：回拉接应反向切入射门练习。

练习八：间接二过一射门练习。

练习九：半场中路进行三对二射门练习，规定最多三次传球之后必须射门。

（三）集体进攻战术训练

（1）两人一组，徒手模仿斜传直插“二过一”配合、直传斜插“二过一”配合、回传反切“二过一”配合、踢墙式“二过一”配合、交叉掩护“二过一”配合的传球、插上跑动、接球、运球等几个环节的运行路线。

（2）两人一组，做结合球的斜传直插“二过一配合”、直传斜插“二过一”配合、回传反切“二过一”配合、踢墙式“二过一”配合、交叉掩护“二过一”配合的传球、插上跑动、接球、运球练习，演练这几个环节的运行路线。熟悉掌握传、跑、接路线和传接球力量的控制。

（3）两人一组，做固定防守（标杆）“二过一”战术配合练习。两人相距 10 米左右，进行斜传直插“二过一”、直传斜插“二过一”、回传反切“二过一”、踢墙式“二过一”、交叉掩护“二过一”的传接球配合练习。

（4）做有防守队员（防守队员要消极防守）的斜传直插“二过一”、直传斜插“二过一”、回传反切“二过一”、踢墙式“二过一”、交叉掩护“二过一”等几种方式的“二过一”战术配合练习。

（5）徒手做“三过二”战术中第二空档传接配合跑动路线练习。队员三人一组听口令，按照第一跑动人、第二跑动人的顺序作熟悉跑动路线练习。

（6）三人一组，结合球做“三过二”战术中第二空档传接配合练习，前卫在中场附近拿球，前锋第一人在前场罚球区右侧附近，前锋第二人在前场罚球区左侧附近。前锋第一人向回跑动准备接前卫传球，前锋第二人向前锋第一人跑动扯出的空当插上准备接前卫的传球，前卫拿球假传给第一接应人，待第二接应人插上时，将球快速传给第二空档插上的队员。

（7）做有防守队员（防守队员要消极防守）的斜传直插，“三过二"战术中第二空档传接配合练习。方法同练习 6 相同。

（8）有防守的“二过一”配合射门练习，三人一组，两人进攻一人防守，进攻者根据防守者的位置练习“二过一”配合并结合射门。

（9）有防守的“三过二"配合射门练习。五人一组，三人进攻两人防守，进攻者根据防守者的位置练习“三过二”第二空当战术配合并结合射门。

三、足球防守战术训练

（一）个人防守战术训练

练习一：结合位置的诱导性进行有球练习。在半场内全队按照比赛阵型分别站好各自的位置，一人多方向控运球，各位置随球方向的变化选位练习。

练习二：诱导性有球练习。进攻队员在离球门 16 ~ 20 米距离内做横向运球，防守队员练习选位。

练习三：一对一盯人练习。在半场内，两火一组，进攻队员向球闪做变向与变速运球，防守队员进行盯人练习。

练习四：无球结合球门的练习。两人一组，面对面站立，相距 2 米左右，一攻一守，进攻队员做摆脱跑动，防守队员做选位盯人练习。

（二）局部防守战术训练

练习一：在 10 米 ×30 米的 3 个方格内进行练习（图 6-3-1）：S 将球传给被❶号队员盯防的①号，❶号的任务是迫使①号横向活动并阻止其达到对面的端线。❷的主要任务就是保护❶。

练习二：练习在 30 米 ×20 米的 6 个方格内进行；每方格内有两名队员，其中包括一名守门员（图 6-3-2）。两端设球门，在进攻队员距离球门较近，射门无阻拦时，鼓励队员多射门，以增加其信心和勇气。要求防守队员必须严密紧盯对手，阻止其射门。

练习三：2 对 3 攻守练习，在 10 米 ×20 米的场地上进行，当进攻者突破一名防守者时，在临近的两名防守者之间进行补位练习。

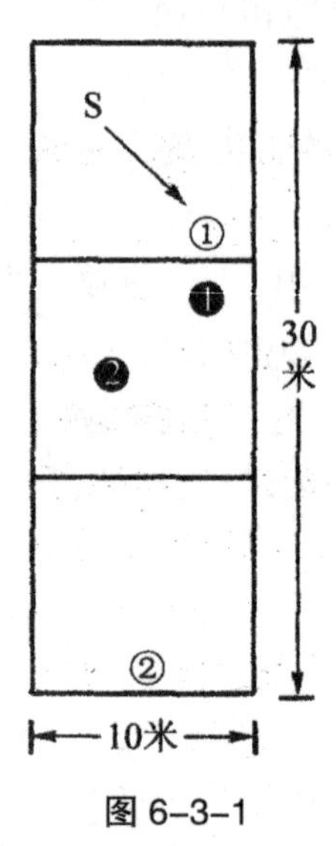

图 6–3–1

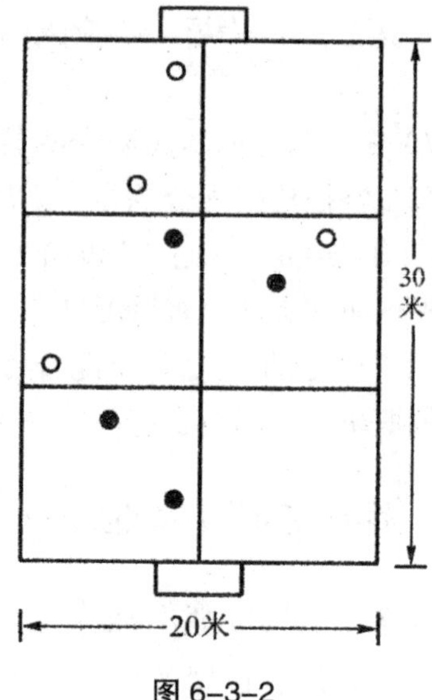

图 6–3–2

（三）集体防守战术训练

练习一：无对抗的 7 人区域防守练习。⊗传给⑩，所有队员按箭头所示向⑩移动，放开⑦，⑩将球圆传给⊗，所有队员向⊗移动，⊗传球给⑦，7 名防守队员又向⑦移动，放开⑩，如此反复做若干次（图 6–3–3）。

练习二：有对抗的区域盯人防守：6 攻 7 练习，进攻一方利用套边、中路渗透、灵活跑位配合进攻。防守一方积极抢断。⑨远离❻控球时，❻不盯⑨，而是在原地等待⑨带球前进时再进行堵抢。如果⑨插向❹和❺之间的空当，❻回撤紧盯⑨，或者❺移动盯⑨，❻回撤至❺空出的防守区域保护❺，使中路防守始终保持一人轮空保护（图 6–3–4）。

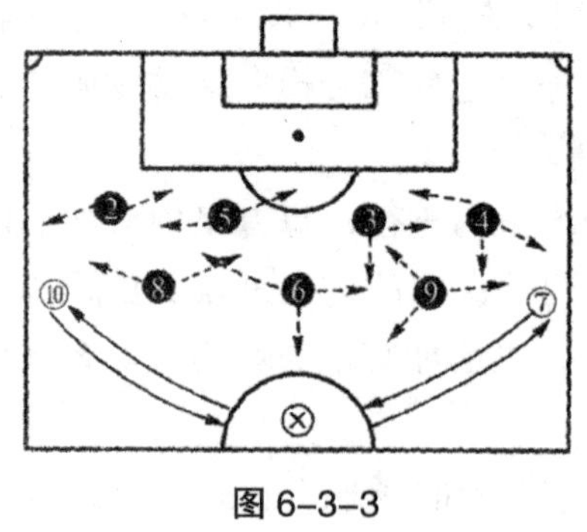

图 6–3–3

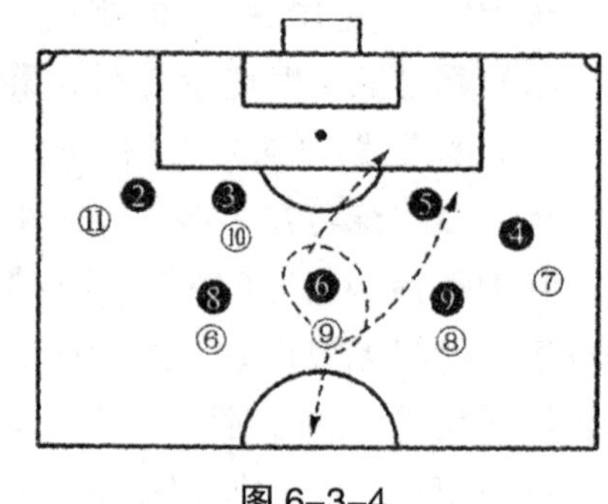

图 6–3–4

第七章　高校足球教学与训练的科学评价

在高校的足球教育实践中有两个重要的组成部分，那就是足球教学与训练，要想取得良好的运动成绩，提高相应的教学与训练水平至关重要。而高校足球教学与训练的评价越科学，对于学生运动水平的提高就越有利，本章，我们就高校足球运动员的身体素质评价、技术能力评价和自我评价等方面进行详细阐述。

第一节　高校足球教学与训练的身体素质评价

对于高校的大学生来说，不仅要掌握更好的足球技术与战术，学习更多的足球知识，还要减少运动中的伤害，培养坚定的意志力，以及良好的身体素质。

良好的身体素质是足球运动员提升自身竞技能力的基础，生活条件、方式、日常饮食、规律和年龄等都会对运动员造成一定的身体素质的影响。研究表明，运动员速度和速度力量自然增长最快的阶段在12—15岁时，之后就处于稳定阶段。同时12—16岁这一阶段，绝对力量、专项耐力、有氧耐力的自然增长最快，之后逐渐减缓并稳定。

一场球赛，要想取得胜利，良好的身体素质是基础。现代足球比赛越来越趋于对抗性，这就要求足球运动员要有更好的身体素质。因此，科学、合理地评价运动员的身体素质，对运动员自身来说也有很大的促进作用。评价足球运动员身体素质的指标主要有力量、速度、耐力、灵敏和柔韧等几个方面，这就要求足球运动员具备有一定的综合性身体素质。

一、力量素质评价

（一）原地双脚纵跳

测评目的：测试足球运动员的腿部肌肉瞬间向上的爆发力。

场地器材：平整的地面；摸高测量仪。

测评方法：足球运动员在测评时首先要站在墙边，脚跟着地，手臂靠近墙面尽量向上伸，以指尖能摸到的最高点为标记。测试时运动员尽最大可能向上弹跳，同时双手尽量往上伸，指尖摸到的最高点做一个标记。然后比较静止时与弹跳时最高点之间的距离，每人 3 次跳跃，最后选取记录最好成绩纳入测评成绩

（二）立定跳远

测评目的：测试足球运动员腿部肌肉瞬间向前的爆发力。

场地器材：平整的地面；测量尺。

测评方法：足球运动员在接收测评的过程中，应穿上足球鞋，双脚并拢尽力往前跳，测量起跳点与落点之间的距离，每人 3 次起跳，最后选取记录最好成绩纳入测评成绩。

（三）1 分钟仰卧起坐

测评目的：足球运动员的腰腹力量测评。

场地器材：垫子、秒表。

测评方法：足球运动员在测评时，仰卧在垫上，两肩胛骨触垫，两腿屈膝并拢成 30° 角，测量者用力压住受测者并拢的脚踝，受测者的两臂平放在大腿上，当测试者喊出“开始”并按下秒表的时候，运动员必须迅速起坐，此时双肘触及两膝就算完成一个。之后迅速恢复仰卧姿势，并迅速起坐完成下一个，如此往复……，检测足球运动员在规定的时间通常是 1 分钟完成的数量。注意，受测者在起坐的时候要完全利用腰腹部力量，借助肘、手撑垫或臀部起落的力量完成起坐时，均不得算入成绩。

（四）立定三级跳

测评目的：测试足球运动员腿部肌肉瞬间向前的爆发力和协调性。

场地器材：平整的地面；测量尺。

测评方法：受测试者穿足球鞋，双脚并拢尽力向前跳，经三步跨越跳入沙坑，测量起跳点与落点之间的距离，每人 3 次起跳，最后选取记录最好成绩纳入测评成绩。

（五）掷界外球

测评目的：测试足球运动员上、下肢及腰腹部的力量和协调性。

场地器材：足球场、测量尺、足球。

测评方法：根据足球的比赛规则，足球运动员进行界外球掷远，每人2次掷球，最后选取记录最好成绩纳入测评成绩。

（六）1分钟俯卧撑

测评目的：主要是对运动员的上肢力量进行测试。

场地器材：垫子、秒表。

测评方法：受测试足球运动员做出俯卧姿势。当测量者喊出“开始”并按下秒表的同时，受测者迅速双臂弯曲，身体平直下落，直至胸部与地面的距离达到要求。然后双臂迅速伸直，还原成俯卧撑准备姿势，如此往复……，测量者记录运动员在1分钟内的完成数量。注意下落和上推时，身体要保持平直。

（七）1分钟悬垂举腿

测评目的：该项目主要是针对足球运动员上肢、腰腹部、腿部的力量以及协调性进行测评。

场地器材：单杠、秒表。

测评方法：足球运动员双手握杠成悬垂姿势，双腿屈膝后，小腿绷直快速缩起，至最高点收缩腹直肌片刻，双腿与身体的角度要超过90° 角，测量者记录1分钟内受测试足球运动员的完成次数，每位足球运动员有一次测试机会。

二、速度素质评价

足球运动对运动员连续性短距离快速冲刺跑和长距离冲刺跑的能力都有很高的要求。急停起动、急停变相等动作随球场上瞬息万变的情况随时调整与运用，这就需要运动员对这些动作的扎实掌握，同时也决定足球运动员的速度素质。评价足球运动员速度素质的方法如下。

（一）3米侧滑步

测评目的：对足球守门员的测评，测试其快速横向移动的能力。

场地器材：在平整地面上画两条平行白线，间距为3米，在两条线的正中间画一条中位线；秒表一块。

测评方法：监测人不变，每次训练的人数为2 ~ 4人，测评时，受测人穿胶鞋分别位于两条边线，后脚踩线。口令发出，迅速往返滑步跑于两条边线之间。每次滑步跑都要踩到对面的边线，记录每一位运动员 30 秒的时间内踩到边线的次数。每一位运动员有两次测评机会，记下最好的成绩。

注意测评时每次往返以踩到边线为准，记录精确到 0.5 次。

（二）30 米直线不同间距绕杆跑

测评目的：这主要是对运动员直线短距离快速跑动能力进行测评。

场地器材：平整的足球场地（图 7–1–1）；标志旗杆；秒表。

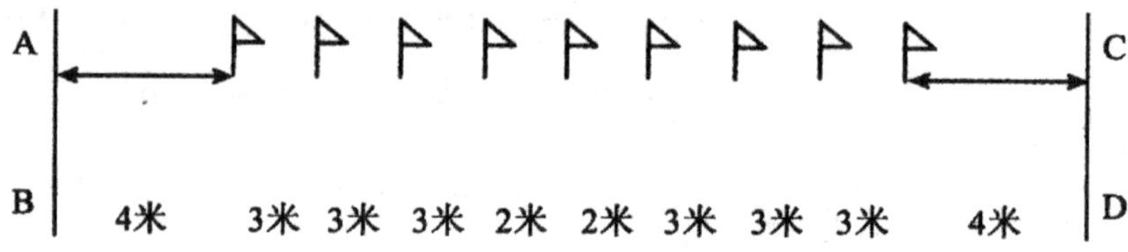

图 7–1–1　30 米直线不同间距绕杆跑

测评方法：足球运动员站立式起跑，沿 S 型路线绕过标志旗杆，过程中不得接触标、漏绕标志旗杆。每人两次测试，最终以最好纪录纳入测评成绩。

三、耐力素质评价

（一）12 分钟跑

测评目的：主要是对足球运动员的有氧耐力素质进行测评。

场地器材：田径场地；皮尺；秒表。

测评方法：所有运动员位于统一起跑线，命令发出以后，所有运动员绕田径场快速跑 12 分钟，记录每一位运动员的跑动长度。

（二）跑固定距离

测评目的：测试足球运动员在跑动中的灵敏性和运动员的有氧耐力。

场地器材：足球场地（图 7–1–2）；秒表。

测评方法：要求受测试的运动员要用最快的速度，最短的时间完成前进、侧向、后退、转身、障碍跑以及跳跃动作，进行四次循环测试。测试路线或场景可以依据实际情况改变，但重复测试场地的设置要求尽量相等。测试过程中，以每隔 15 秒对运动员发出出发指令，直到测试运动员人数达到 8 名为止。

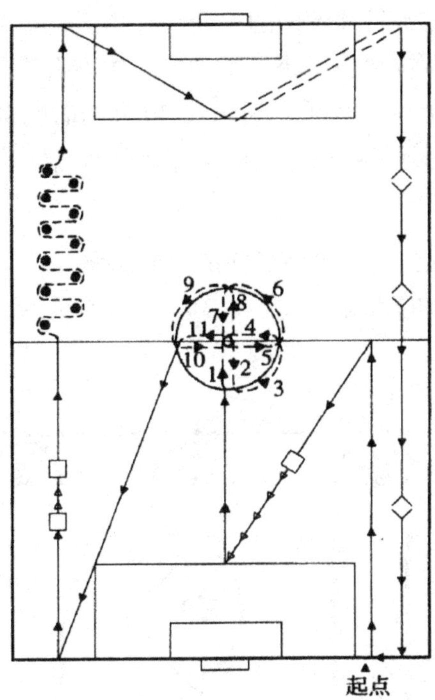

图 7-1-2　足球场地中评价路线

（三）YOYO 测试

YOYO 测试适合 U17、U19 高年龄组采用。

测评目的：测试足球运动员的有氧耐力。

场地器材：足球场地、秒表、录音机。

测评方法：所有受测人员位于同一起跑线统一起跑，在预定场地内，以间歇性的折返跑，期间要不断增加跑动速度，同时按照录音机播放的节奏为声音信号严格进行跑动。

四、灵敏素质评价

（一）3 米交叉步摸地

测评目的：主要是对守门员灵敏性与协调性的测定。

场地器材：在平整的地面上画两条平行白线，距离为 3 米，两条平行线之间画一条中位线（细）；秒表。

测评方法：2 ~ 4 人为一组进行测评，受测试足球运动员穿胶鞋，预备动作就是分别站在平行线的两边。命令发出后，运动员相互之间采用交叉步在两条线之间做快速往返跑，跑动时身体不得转向，脚踩边线，然后触碰边线，注意只能用一只手，记录在30秒的时间内摸到边线的次数。有2次测试机会，记录最好成绩。记录结果可精确到0.5次。

（二）蛇形跑

测评目的：快速奔跑与灵活变向能力的测评。

场地器材：平整的场地（图7–1–3）；8个锥形标记物；卷尺；秒表；笔和纸。

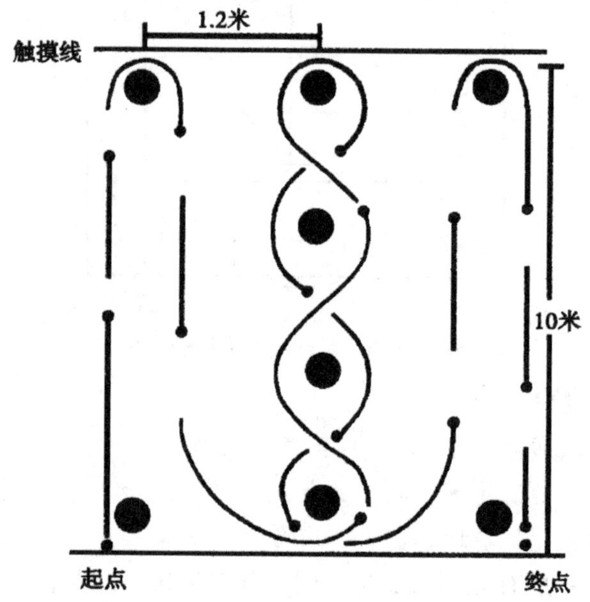

图7–1–3　蛇形跑路线

测评方法：受测试运动员腹部着地，双手与胸部处于同一水平面趴在地上，双手不承担体重，双腿伸直，脚背贴地，鞋钉朝上。命令发出后，受测人员迅速爬起，跑向触摸线并触线；按S型路线绕过所有锥形标志物冲刺，冲击过程中不得接触标志物，如图7–1–3；绕过场地中排目标物之后按照制定线路跑向触摸线并触线，迅速跑向终点。每人两次测评机会，最终以最好的纪录纳入测评成绩。

五、柔韧素质评价

高校足球训练柔韧性素质评价的主要方法为直立摸地法。

测评目的：测试足球运动的身体柔韧度。

测评器材：台阶、卷尺。

测评方法：运动员直立于台阶上，脚尖与台阶边缘对齐，两脚并拢，双腿站直，身体向下弯曲，两臂伸直尽量向下摸。成绩为与台阶平面边沿的距离，台阶边沿为0点，指尖超过台阶，则为正值，反之则为负值。23厘米为优秀，18厘米为良好，13厘米为中等，7厘米为及格。

第二节 高校足球教学与训练的技术评价

一、技术评价的标准和指标

（一）技术评价的标准

现实生活中，我们能遇到各种各样的标准。拿上学时候的例子来说明，语文教师心目中好学生的标准就是乖巧、懂事、用词妥帖；数学老师心目中好学生的标准是计算数据的速度快，并且准确率高。而放在体育中来说，由于体育门下有很多不同的方向，因此，每一类不同的学科中其评判的标准又有所差异。放在技术类的评价中来说，其评价标准中最重要的就是运动员自身所具备的技术能力。想要具备足够的技术能力就要让足球运动员在一个相对舒适的环境下进行训练，同时，足球运动员技术能力的提高对于衡量的标准也有相应的提高。

上文中我们所说的其他科目的评价标准中可以发现，不同的学科、不同评价主体以及不同的评价方式所依靠的评价标准都不尽相同。而放在足球运动中来说，其评价标准就相对来说要更加合理，其评判标准也更加讲求实效性。而当真正在赛场上进行比赛的时候，赛场上良好的技术效果经常会因为对手的干扰和不可避免的偶然因素造成与合理、经济的技术完成过程不成比例的情况。这就导致在评价运动员技能的时候，实效性方面反而更容易下手。

（二）技术评价的指标

1. 数量和质量指标

在我们评价足球运动员技能的过程中，数量和质量是非常重要的参考标准。数量反映了运动员掌握足球技术的多样性和全面性情况。质量指标指的就是运动员在完成某种特定技术时的质量，质量指标主要包括内部指标和外部指标两个层面的意思。内部指标就是对运动员技术动作掌握以及运用的合理程度。外部指标就是对运动员技术动作的“实效性”进行相应的评价。在进行足球运动训练的时候，通常会采用质量评价对足球运动员的能力进行相应的技能评价。

2. 生物学和社会学指标

在足球运动员技能评价的重要指标中，生物学和社会学指标也不容忽视。自然科学和社会科学分别是从不同的角度对足球运动员技能进行评价。在评价其技术的时候，符合生物力学和生理生化规律是一方面，符合美学规律等则是评价的另一方面。通常采用对足球运动员的技能进行评价。

二、基本技术评价的方法

（一）接球技术

测评目的：对足球运动员接四方高低球的技术和传球的准确性的评价。

场地器材：在平坦地面或者是足球场上画一条白线，长度要超过 5 米。在白线的一侧画一个正方形的接球区（图 7–2–1），以这条白线为一边，边长为 3 米，位于白线的中端。然后在接球区的两边各间隔 1 米的距离，在垂直于白线处画一条直线，与接球区的边线共同构成传球区。在白线的另一侧，以中点为起点，每间隔 20 米就将 1.5 米高的标志杆插进地面，并且以标志杆为圆心，以 1 米和 2 米为半径画圆。

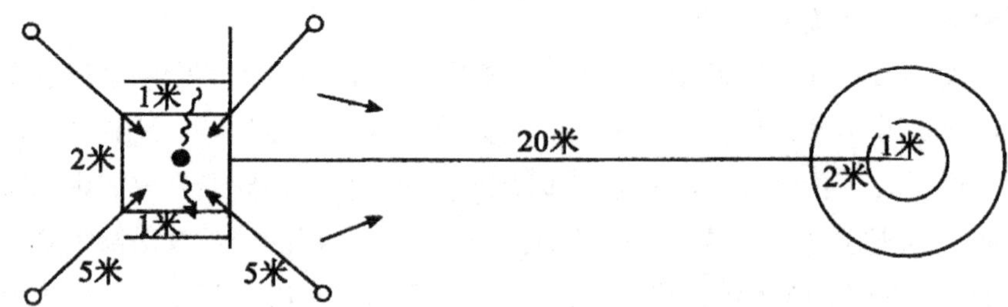

图 7–2–1 接球技术示意图

测评方法：在接球区的四角作对角线的延长线，长度为 5 米左右，位于此处的测试者将高球（胸部以下）和低球（地滚球）传给位于接球区内受试者，不管是高位球还是低位球，受测试者都需要通过自身对球的观察迅速做出反应。需要特别注意的是，受测试者一定要在第一时间内将测试者传过来的球踢到指定位置。从图中我们能够看到右侧的中心位置已经有相应的标记。如果球最终落在最中心位置内，受测试者则会得到 5 分；如果是落在的内圆的周围，则受测试者得三分；最糟糕的一种结果就是没有进入同心圆的范围，受测试者不得分。

受测试者在接到球之后要分别向右、向左传球区进行带球，双脚各踢球一次，4 球为一轮，共计 3 轮。计时从第一个球进入接球区开始计算，在第 12 个球踢出的时候停止计时，时间的限制为 1 分钟。如果踢球区在传球区之外，则需要适当扣除 1 分，最后将受试者的总成绩记录下来。

注意事项：当运动员在接球区没有接到球的时候，就需要再次回到区内，并将球带回到区内，接下来由传球者将球及时传递出去。

（二）运球技术

1. 折线运球

测评目的：测试运动员从起点到终点通过折线运球方式的能力以及能够达到的最快速度。

场地器材：在足球场上画两条平行线，间距为 9 米（图 7–2–2），在两条平行线上共画 6 个点，分别是 A、B、C、D、E、F，点与点之间的距离不定。

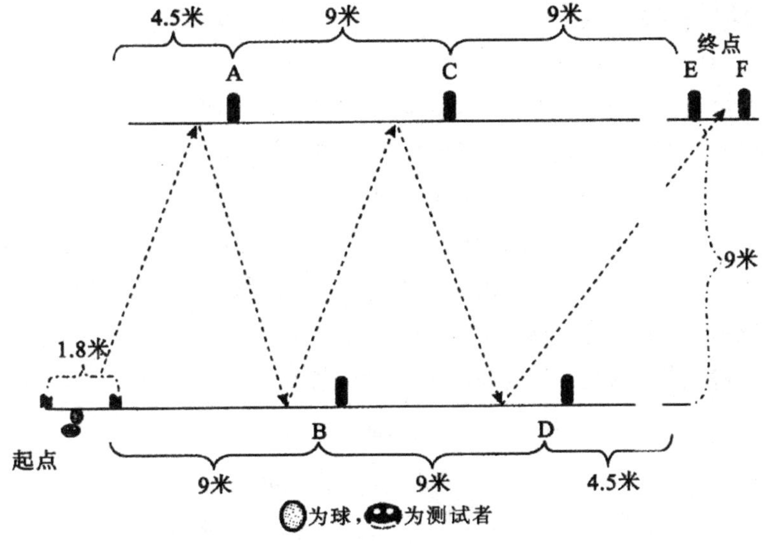

图 7–2–2　折线运球示意图

测试方法：球员在起点线处，一旦足球开始移动，就可以进行计时，虚线轨迹就是球员带球运动的足迹，在各个标志前过线后折线变向运动，将球的终点落在 E 点和 F 点之间，运动员将球带到终点为止，马上停止计时，记录好运动员完成整套动作的总时长。

在带球的过程中运动员不得触碰两条线上的标志，在运球折返的时候，整个球都要超过标志前面的线，这样才算有效，但是运动员和球均不能绕过标志。

2. 折返运球过杆

测评目的：主要是对运动员运球技术的熟练程度进行测试。

场地器材：在平整地面上画两条线，间距为 20 米，两条线中间插 10 根距离不等（1 ~ 3 米）的标杆；一块秒表。

测评方法：测试者发出口令，运动员开动时开始计时，测试者从一端开始运球，从左右两侧依次过杆，到另一端后再返回来直到端线，此时停止计时。运动员有两次测试机会，取最好的一次进行记录（图 7–2–3）。

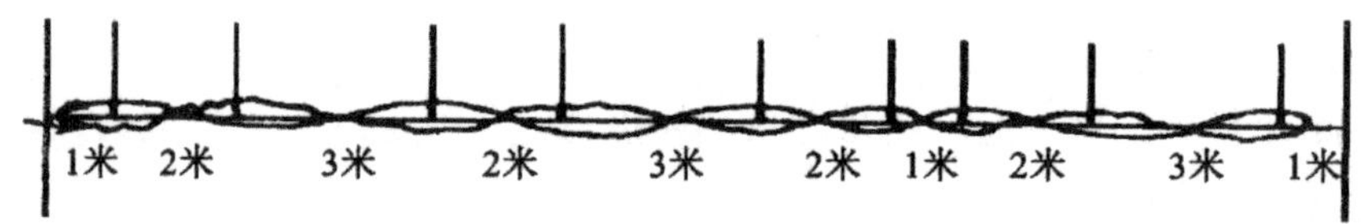

图 7–2–3　折返运球示意图

注意运动员在运球时严禁碰倒标杆；如果发生漏杆，则需要返回重新补过；计时精确到 0.1 秒。

3. 运球转身

测评目的：主要是对运动员运球转身的技术动作、运动员的转身方法以及运动员运球转身的速度和身体协调性进行测试。

场地器材：平整的场地；足球；秒表。

测评方法：在场地上划两条线 A 线和 B 线，相距 4.5 米（图 7–2–4）。测试者持球位于 A 线站定，运动员持球运动时开始计时，带球的运动员首先从 A 线到 B 线，过 B 线后快速转身返回 A 线，过 A 线后再迅速转身返回 B 线，最后转身返回 A 线并停球，计时停止。

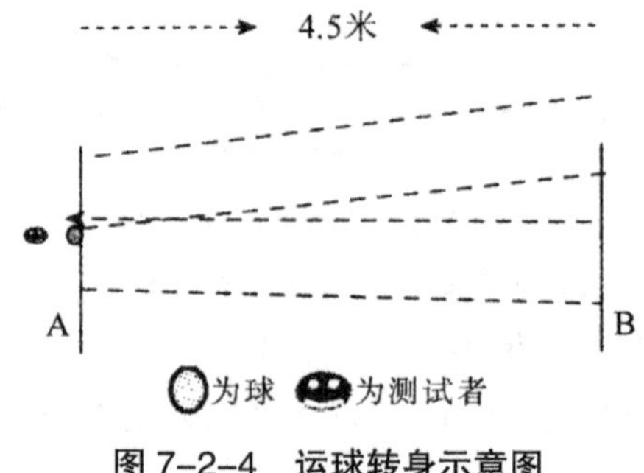

图 7–2–4　运球转身示意图

注意事项：在1组测试的过程中，运动员一定要完成3个转身技术动作，每个技术动作之间的时间间隔不要太长，每名运动员需要测试3组，最终的成绩为3组测试成绩的总和。

在测试的过程中，每组的转身技术动作对运动员有不同的要求；如在运球过程中出现滑倒、自我放弃、转身不过线等情况，都要取消成绩。

（三）传球技术

1. 吊圈传准

测试目的：进行吊圈传准测试的目的就是为了全面测试运动员传球的准确性。

场地器材：在足球场上画一个同心圆，该圆的内圆半径为2.5米，外圆半径为4米，在该圆圆心30米左右的距离处规划出一个宽3米，长6米左右的传球区域（图7–2–5）。

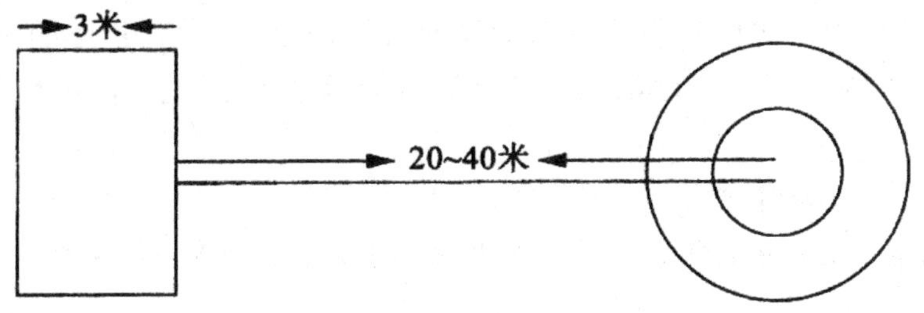

图7–2–5　吊圈传准示意图

测试方法：需要测试者将足球放置在第一条线上面，向传球区进行拨球，当球拨出去之后，迅速追上去进行运球，向圈内进行传球，每个人踢5脚。如果说进球的第一落点在同心圆的内圆，该运动员则可得2分，进球的第一落点在大圈，则该运动员可获得1分，没有将球传到该圆区域内，则无法得分。

注意事项：测试者必须用脚背内侧踢球。

2. 三角形地滚球传准

测评目的：主要是对足球运动员传接地滚球的能力进行评价。

场地器材：首先在平整的场地上边长为17米的等边三角形，在每一个顶点处分别画直径5米的圆圈，这三个圆圈就是测试区域（A区、B区和C区）；一个足球（图7–2–6）。

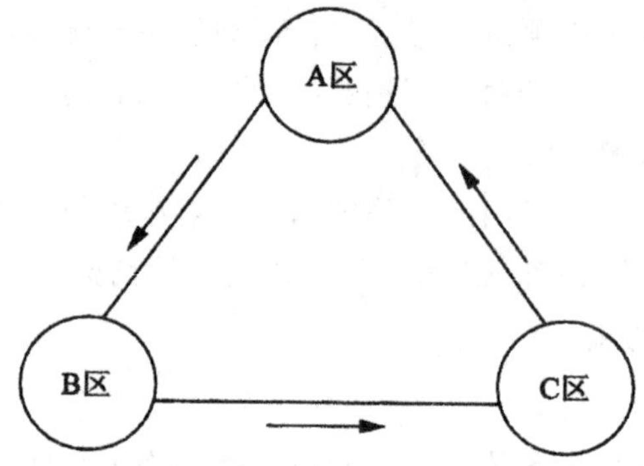

图 7-2-6　三角形地滚球传准示意图

评价方法：将 3 名受测试者作为 3 组分别站在不同的测试区内。在进行测试的时候，A 区的运动员需要沿逆时针的方向将球传给 B 区的运动员，当球开始运动的时候，就开始计时，B 区运动员再将球传给 C 区的运动员，如此进行循环，在 30 秒之内记录运动员之间传球的次数。

注意事项：我们将不会限制传球的身体部位，但是在传球的过程中，球超出了测试区域，运动员就要将球快速运回到测试区域内继续进行传球。

3. 球门墙射准

测试目的：进行测试的目的主要是为了训练运动员的左右脚定点射门技术。

场地器材：需要在墙上画一个球门，该球门的尺寸应与现实中的球门一致，并将罚球区和罚球的弧线画在球门墙的前面，以球门的底线中点为圆心，画一个半径为 16.5 米的弧（图 7-2-7）。

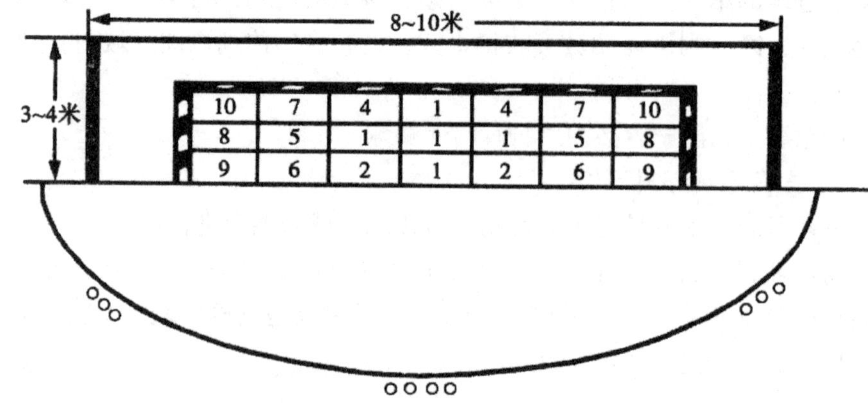

图 7-2-7　球门墙射准示意图

从图中相信读者也看出了一些内容，具体来说是这样操作的。图下方的弧线叫罚球弧线，在针对球门的位置，也就是图的正下方放四个球，两侧位置上各放三个球，这样罚球弧线外围共放了十个球。要求这十个球由受测试者不同的脚来进球，踢到相应的位置时就得到相应的分数。待十个球都踢完，记录最后的总分，同时对其踢球技术做出一个合理的评判。

（四）射门技术

1. 头顶球射门

测评目的：通过头顶球的测评不仅要判断运动员的头球能力还要判断出每个运动员是否能正确把握头球时机。

场地器材：画一条直线（抛球限制线）与球门的距离是 2 米，根据运动员的具体能力，画出相应的头顶球用线，一般与球门线的距离为 10 ~ 12 米，在距头顶球线 6 米的地方画助跑限制线（图 7-2-8）。

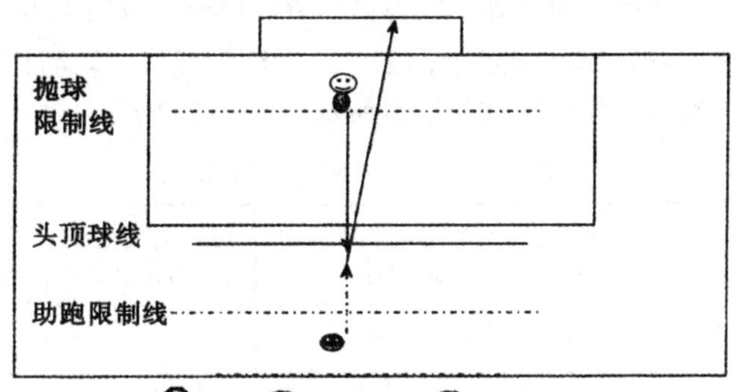

图 7-2-8　头顶球射门示意图

对于射门技术同样有一定的评判方法，具体来说是这样的。从上面所出示的图中可以清晰地看出，在测试者前方有三条线，抛球限制线在此我们不做过多阐述，是用来限制抛球的。离测试者最近的一条线就是助跑限制线，意思也就是告诉受测试者从这个距离线之外可以开始助跑；第二条线是头顶球线，此线的位置时提示受测试者在这个线的位置到达之前用头顶球射门。射门的结果有两种，点地射门和直接射门，如果多次点地射门不记分，点地一次射门记 2 分，直接射门不点地记一分。

2. 踢球射门

测评目的：评价运动员利用脚背内侧和脚背正面射门的能力。

场地器材：球门中心设 1 锥形桶，两球门立柱外侧 2 米处各设置 1 锥形桶。罚球区线内 2 米处画 1 条标志线，罚球区线与球门区延长线外画 1 个长 3 米，宽 2 米标志区（图 7-2-9）。

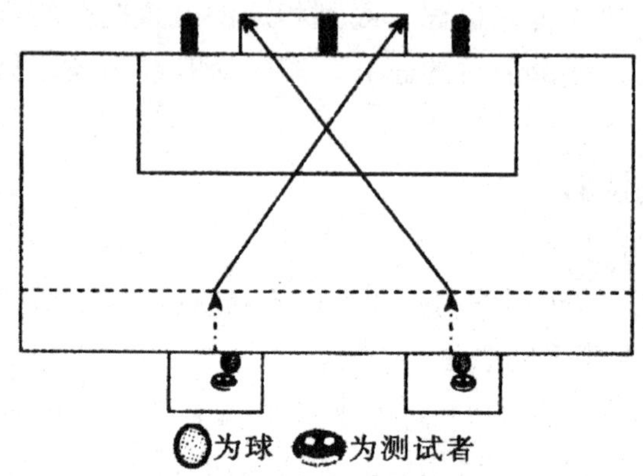

图 7-2-9　踢球射门示意图

测评方法：测试者应该处于发球区以外，标志区以内。当计时开始后，持球队员方可踢球，球不得超过标志线。当球仍然处于运动状态时，测试者即可射门。测试者得分标准如下表所示（表 7-2-1）

表 7-2-1　踢球射门测试标准

区域	球门线中点至远门柱	球门线中点至近门柱	球门远门柱至锥形桶之间	门梁、门柱或近门柱外
得分（单位：分）	3	2	1	0

注意事项：射门过程中，运动员必须使用规定的射门方法；此次测试，运动共有 6 次射门机会，左、右脚射门各三次，但必须加以注意的是，每次射门时间不得超过 25 秒。

三、守门员技术评价的方法

（一）持球踢准

测评目的：在这项测试中，通过守门员的成绩直观的判断其脚踢发球的准确性。

场地器材：一块如图 7-2-10 所示的足球场地。场地中间画一个直径 5 米的圆，圆的两边个画一个边长 5 米和 8 米的矩形。

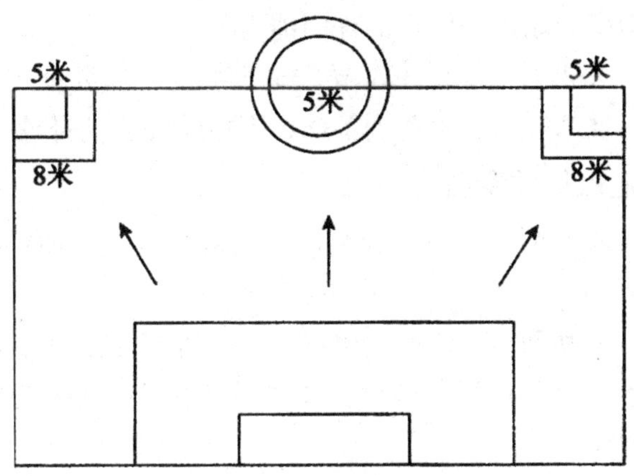

图 7-2-10　持球踢准示意图

测评方法：持球的守门员位于罚球区，向上图所示的两个正方形的区域各踢 3 个球，向中间的圆圈里踢 4 个球。得分标准如表 7-2-2 所示。

表 7-2-2　持球踢准测试标准

落球点位置	小方形及小圆内	小方形外大方形内和小圆外大圆内	场内	场外
得分（单位：分）	3	2	1	0

（二）防守定点射门

测评目的：通过守门员的接球或扑球数判断其守门能力。

场地器材：一块如图 7-2-11 所示的足球场地。以球门底线为中心，16 米为半径做一个半圆。

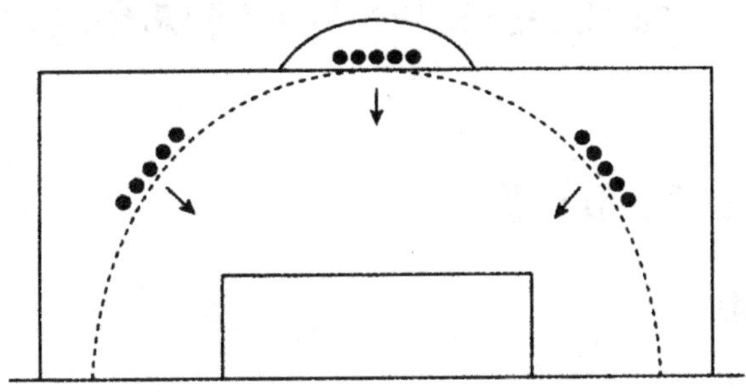

图 7-2-11　防守定点射门示意图

测评方法：在如图 7-2-11 所示的三个不同地方各放置 5 个球，射手根据发令员的指示，每隔 3 秒射一次球。而且，射手可以依据不同情况使用不能的力度、脚法等。记录员负责记录守门员的守球数，并计算守门率。

教练则根据守门率判断出守门员的守门能力。

注意事项：如果射手脚法不准导致球出界，则需要补踢；若球出界程度不是很严重，且球守门员手碰到了球，则按防守成功计算。

（三）扑定点球并发球

测评目的：通过测试者所得成绩对守门员扑定点球和手抛发球的能力进行判断。

场地器材：一块秒表；一块如图 7-2-12 所示的足球场地。场地两角需向外延长 5 米，且各以延长线终点 1 米处为圆心，2 米为直径做圆；球门两角各放 4 个球。

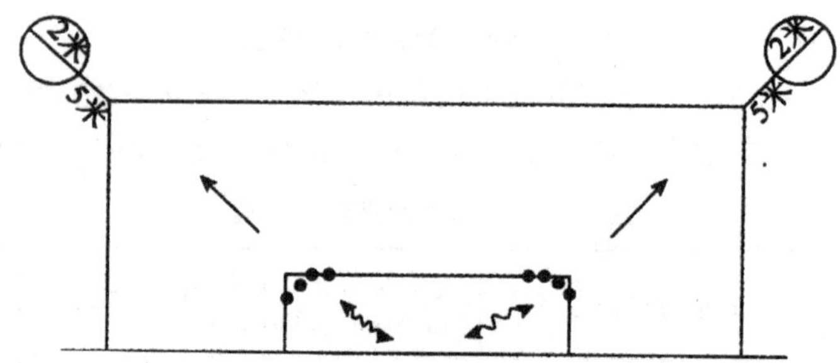

图 7-2-12　扑定点球并发球示意图

测评方法：发令员发令后，守门员先向右倒地扑右角球后起立，用于发往右方圆内。倒退或侧向跑回球门底线中点，再扑左角球起立，用手发往左方圆内，直到完成 8 个球的测试为止。记录员记录整个过程所需的时间。

第三节　高校足球教学与训练的自我评价

一、基本技术自我评价

（一）颠球

1. 原地颠球

测评方法：每人有 2 次机会进行原地颠球测试，颠球过程必须连续，若颠球中断（手碰球或球落地）则测试结束。2 次颠球测试结束后，记录较好的那次成绩。

评价参考标准：如表 7-3-1 所示。

表 7-3-1　原地颠球评价参考标准

次数	50	40	30	25	20	15	13	11	9	7	5	3	2
得分	100	95	90	85	80	75	70	65	60	55	50	45	40

2. 行进间颠球

测评方法：头、肩、胸、大腿、脚等部位是运动员在颠球时可以使用的部位，要求运动员边行进边颠球，以颠球行进的距离为成绩，一旦球落地或触手则表示颠球结束，以最后一次明显控制住球的触球点为距离终点。每人 2 次机会，记录最好成绩。

评价参考标准：如表 7-3-2 所示。

表 7-3-2　行进间颠球评价参考标准

距离（米）	40	38	36	34	32	30	28	26	24	22	20	18	16
得分	100	95	90	85	80	75	70	65	60	55	50	45	40

3. 12 个部位颠球

测评方法：每人有 2 次机会，用身体的 12 部位（头、肩、胸、大腿、正脚背、脚内侧等）进行颠球测试。测试者可以以任何部位为过渡进行交换触球。触球期间，12 个身体部位无任何顺序性可言。若触球中断（球落地或手触球）则测试结束，2 次测试，取较好一次的成绩。

评价参考标准：如表 7-3-3 所示。

表 7-3-3　12 部位颠球评价参考标准

部位	12	11	10	9	8	7	6	5	4	3	2
得分	100	95	90	85	80	75	70	65	60	50	40

（二）运球

1. 接球和运球结合的测试

场地器材：一块标准球场，在场上较为宽广的地方做两条平行线，两条线相距至少 5 米，并以其中一条为起点线。

测评方法：每人 2 次机会，测试者从起点线向另一条线外抛球，然后快速跑向落点把球带回，重复这种动作五次。需注意的是，带球期间必须按照规定动作进行。记录者记录带球总时间。2 次测试，取较好一次的成绩。

注意事项：受测试者接反弹球规定的动作是双脚脚内侧、双脚脚背外侧、双脚脚前掌各一次。

评价参考标准：如表 7-3-4 所示。

表 7-3-4　接球、运球结合评价参考标准

时间	38″	38″5	39″	39″5	40″	40″5
得分	100	95	90	85	80	75
时间	41″	41″5	42″	42″5	43″	44″
得分	70	65	60	55	50	40

2. 运球绕杆射门

场地器材：在足球场罚球区线中点两侧 50 公分处各画一条垂线。场地上插六根标杆，在右侧垂线上距罚球区线 2 米处插一根标杆，在距左侧垂线 2 米处插一根标杆，在距右侧垂线 2 米处插一根标杆，在距起点为 12 米处插一根标杆。标杆固定垂直插在地面上，插入深度不限，以受测试者碰竿不倒为宜，竿高至少 1.5 米。也可用标志桶代替标杆。

测评方法：每人 2 次机会，发令员发令后，计时开始，运动员方可运球。运球中，运动员需绕过所有标杆后再射门。球过球门的瞬间，计时结束。2 次测试，取较好一次的成绩。

（三）踢定位球

1. 定位球传准

场地器材：画一个内径 3 米，外径 6 米的同心圆。圆心插一根带有小旗的标杆，以此作为目标。以插有小旗的标杆为圆心，25 米为半径，做一条长为 25 米的限制线。

测评方法：球放于限制线上，运动员用脚背内侧向圈里传球，以球的第一落点记录成绩，离圆心越近则成绩越好。

2. 定位球踢准

场地器材：场地在距“足球墙”下沿中心 20 米处画一条平行于“足球墙”下沿的 3 米长的限制线。

测评方法：受测试者将球放在限制线上，向足球墙踢球。教师根据运动员的踢准情况进行成绩评定。

注意事项：球可以擦着地面射到墙上，但不能踢地滚球。

二、运动能力评价

在足球运动比赛中，一个很重要的基础就是运动员的运动能力。足球比赛越到后面，对足球运动员的体能考验就越大。所以，对足球运动员能

力的评价则显得尤为重要。

（一）足球运动员体能评价

体能评价是运动员能力评价中最为重要的一点。首先，先由运动员的规律性活动计算出运动员当天的活动指数（表 7–3–5）。其次，由总得分（总得分 = 强度 × 时间 × 次数）区分体能的类别（表 7–3–6）。

经上述评价，倘若运动员的总得分低于 45 分则表示该运动员需要加强相应的训练了。

表 7–3–5　足球运动员活动指数表

指标	分值	日常活动
时间	4	超过 30 分钟
	3	20~30 分钟
	2	10~20 分钟
	1	低于 10 分钟
强度	5	持续用力呼吸和出汗
	4	断续用力呼吸和出汗
	3	中度用力呼吸和出汗
	2	中等强度
	1	低强度
次数	5	每天或几乎每天都活动
	4	每周 3~5 次
	3	每周 1~2 次
	2	1 月数次
	1	1 月不超过一次

表 7–3–6　足球运动员体适能类别对比表

总得分	评价	体适能类别
100	积极活动的生活方式	优秀
80~100	活动的和健康的	良好
60~80	活动的	好
40~60	较满意	一般
20~40	不很够	差
低于 20	不活动	很差

（二）足球运动员技术和战术运动能力的评价

1. 运球

一般情况下来说，足球运动中对于足球运动员运球技术能力有一定的级别认定，现将目前通用的一些级别认定汇总于表 7–3–7 中，其具体内容如下。

表 7–3–7 足球运动员运球技术能力的级别认定

等级	级别认定
优良	技术动作能够正确运用并具有运动员本身的特色，在运球时有明确的目标，有极强的战术意识，能有效掌握时机，在发起个人的突袭性进攻能有效利用运球技术优势，进攻性运球能给对方造成直接威胁
合格	能有效摆脱防守干扰，为寻找合适的传球、射门机会而主动或被动发起一次运球。如果运球效果或进攻机会良好就可以记入优良，如果主动运球造成严重失误的可记入下一等级
差	运动员不能有一个很好的传球心态，没有团队意识，没有明确目的，战术意识差，以及运球时机选择有误，浪费有利运球时机或酿成一次险情，造成严重后果的

2. 传球

足球运动员传球技术能力的级别认定如表 7–3–8 所示。

表 7–3–8 足球运动员传球技术能力的级别认定

等级	级别认定
优良	传球脚法基本正确，传球时机、地域在比赛中选择合理，有比较规范的动作，符合传球技术意识要领，队员之间配合良好，传球落点到位，具有一定的进攻威胁性
合格	传球技术动作基本正确，传球技术运用也基本合理，控制时空或相互配合的意识相对良好，进攻性一般，或经传球后使本方的处境获得改善
差	技术动作变形，不符合传球技术的意识，有脚法、时机选择不当的传球，传球准确性较差，甚至失球给本队造成威胁的传球

3. 接球

足球运动员接球技术能力的级别认定如表 7-3-9 所示。

表 7-3-9 足球运动员接球技术能力的级别认定

等级	级别认定
优良	能按照接球技术动作的意识实施要求，在比赛过程中，接球超前性、战术性、风险性等配合要求能正确运用，并能巧妙地运用接球与传球的实用传接球技术动作，传接球配合良好，形成一次有默契的进攻性接球，或者按技术动作要领顺势过人形成进攻前奏场景的接球
合格	能够按照一般的接球技术动作要求处理来球，接球时注意相应的目标，有传球的意识，有对手拦截时，完成接球动作
差	接球的技术要领不稳定，不能正确判断来球，不能正确运用接球技术，导致失去控球权或让对方形成有威胁的进攻

4. 射门

足球运动员射门技术能力的级别认定如表 7-3-10 所示。

表 7-3-10 足球运动员射门技术能力的级别认定

等级	级别认定
优良	能创造或把握有效的射门时机，射门技术动作正确，行动果断，各种射门包括抢点、凌空射门、铲射、补射、抢点头顶球，无论是否进球，都应该算作优良。其他如符合战术意识，跑到位的有感觉的射门，也应该算
合格	能在一般情况下运用标准的常规性技术动作进行射门，射门动作连贯，各种射门动作较为合理，如顺势拨球起脚射门，挑起头球射门，能完成有质量的远距离射门
差	在封堵严密、射门死角、距离过长等情况下勉强射门，无法掌握射门时机等，射门时技术动作不合理，造成出球无力和射门射飞

5. 防守

足球运动员防守战术能力的级别认定如表 7-3-11 所示。

表 7-3-11　足球运动员防守战术能力的级别认定

等级	级别认定
优良	具有良好的防守意识，根据场上的需要，进行超前意识的抢位、占位、补位。在丢球后，能快速地、及时地明白自己所处的位置，延缓对方进攻或增强本队的防线，力争扼制对方的快速反击，在技术动作上能合理运用紧逼、堵截、抢断等技术，任何破坏对方进攻的行为都应视为成功的防守
合格	防守的跑位正确，有一定的防守意识，能做到合理的抢位、占位、补位，能通过场上正确的防守技术动作进行紧逼、堵截、抢断，延缓对方进攻速度，没有影响全局的防守失误
差	基本没有防守意识，反应迟钝，抢位和占位不及时，或抢位时发生与防守队员“重叠”现象，或在回撤时发生方向路线判断失误等，造成被对手抓住战机，利用出现的防守空隙，进行有效的、有威胁性的进攻

参考文献

［1］何志林．足球教学训练工作指南［M］．北京：人民体育出版社，2010.

［2］王崇喜．球类运动·足球［M］．北京：高等教育出版社，2014.

［3］王守恒，叶庆晖．体育赛事管理［M］．北京：高等教育出版社，2007.

［4］谷明昌．现代足球理念［M］．北京：人民体育出版社，2005.

［5］任晓峰．如何在教学训练中培养足球运动员的战术意识［J］．中国教育技术装备，2011（6）.

［6］王民享，吴金贵．现代欧美足球训练理念与方法［M］．北京：北京体育大学出版社，2010.

［7］张国旗．浅谈现代足球整体训练［J］．山西煤炭管理干部学院学报，2006（02）.

［8］杨涛．关于高职院校足球教学的问题和对策浅析［J］．科教导刊，2011.

［9］黄竹杭，王方．足球训练设计［M］．北京：高等教育出版社，2010.

［10］王蒲．运动竞赛理论与方法研究［M］．北京：人民体育出版社，2008.

［11］陆红．运动竞赛学［M］．北京：清华大学出版社，北京交通大学出版社，2005.

［12］陈德敏，蔡舸．足球［M］．北京：北京体育大学出版社，2003.

［13］胡宁，章强．浅谈我国青少年足球训练理念的构建［J］．新课程（上），2013（10）.

［14］刘丹．足球运动训练与比赛监控的理论及实证［M］．北京：人民体育出版社，2012.

［15］秦志辉．普通高校高水平足球队发展现状与对策研究［J］．中国体育科技，2002（11）.

[16] 李国艳．我国高校高水平足球队现状及其发展对策研究［J］．辽宁体育科技，2008（5）．

[17] 符世晓．三段式足球教学模式的探索与构建［J］．河南大学学报，2008.

[18] 曲晓光．现代足球训练理念诠释与应用［M］．广州：华南理工大学出版社，2009.

[19] 蔡舫，蔡元元．浅论现代足球技术的发展趋势［J］．四川体育科学，1995.

[20] 肖东君．内蒙古普通高校足球训练现状与对策研究［J］．内蒙古师范大学学报，2011（1）．

[21] 常智．体育管理理论与实践［M］．北京：北京师范大学出版社，2009.

[22] 史贵名．创新教育在体育院校足球教学中的应用研究［J］．东北师范大学学报，2009.

[23] 汤信明．足球运动教学与训练［M］．武汉：华中科技大学出版社，2012.

[24] 张瑞林，秦椿林．体育管理学［M］．北京：高等教育出版社，2008.

[25] 孙永生．儿童足球运动员选材指标的研究［J］．沈阳体育学院学报，2002（02）．

[26] 张庆春，龚喜军，刘文娟，等．中国青少年足球操作性训练理念的实践特征［J］．北京体育大学学报，2006（4）．

[27] 王世军．论足球运动员进攻性跑位意识［J］．品牌，2014（08）．

[28] 全国体育院校教材委员会．现代足球［M］．北京：人民体育出版社，2000.

[29] 茅鹏．论足球技术训练［J］．体育与科学，2014（05）．

[30] 马铮．高校足球学练方法解析［M］．哈尔滨：哈尔滨地图出版社，2009.

[31] 肖林鹏．体育管理学［M］．北京：北京师范大学出版社，2011.

[32] 高原，于泉海，鄢润国．足球：公共体育教材［M］．北京：北京体育大学出版社，2014.

[33] 袁博，苏贵斌．青少年足球训练理念研究［J］．当代体育科技，2013（22）．